高等学校创新性数智化应用型经济管理规划教材（金融科技系列）

总主编 / 李雪　　主审 / 徐国君

金融学学习指导书（第三版）

秦桂兰 ◎ 主编

肖英红　王国娜 ◎ 副主编

立信会计出版社
LIXIN ACCOUNTING PUBLISHING HOUSE

图书在版编目(CIP)数据

金融学学习指导书 / 秦桂兰主编. -- 3 版. --
上海：立信会计出版社，2024.8. --("十四五"高
等学校创新性数智化应用型经济管理规划教材).
ISBN 978-7-5429-7711-3

Ⅰ. F830

中国国家版本馆 CIP 数据核字第 2024CV1155 号

策划编辑　方士华
责任编辑　赵新民
助理编辑　吴佳璘
美术编辑　吴博闻

金融学学习指导书(第三版)
JINRONGXUE XUEXI ZHIDAOSHU

出版发行	立信会计出版社		
地　　址	上海市中山西路 2230 号	邮政编码	200235
电　　话	(021)64411389	传　　真	(021)64411325
网　　址	www.lixinaph.com	电子邮箱	lixinaph2019@126.com
网上书店	http://lixin.jd.com		http://lxkjcbs.tmall.com
经　　销	各地新华书店		
印　　刷	上海华业装潢印刷有限公司		
开　　本	787 毫米×1092 毫米　　1/16		
印　　张	9.5		
字　　数	215 千字		
版　　次	2024 年 8 月第 3 版		
印　　次	2024 年 8 月第 1 次		
书　　号	ISBN 978-7-5429-7711-3/F		
定　　价	39.00 元		

如有印订差错，请与本社联系调换

总　序

教材是高校实现人才培养目标的重要载体,教材及教材建设对高校发展具有举足轻重的作用。与培养模式相对应的教材是培养合格人才的基本保证,是实现培养目标的重要工具。由于历史原因,在财经类教材的出版方面,相关出版社出版研究型本科或者高职高专、中等职业等层次的教材较多,而应用型本科教材较少。虽然近年来一些应用型本科教材也陆续出版,但总体而言,这些教材还是缺乏权威性、普适性、实用性、创新性。造成这种状况的原因主要在于:出版社对财经类应用型本科教材的出版还不够重视,没有进行有效组织;财经类应用型本科院校多为新建院校,教材建设相对滞后,主观上也较愿意使用研究型本科教材;在教材使用中存在比较严重的混用现象,教材目标读者群不明确,如不少教材声称既适用于研究型本科院校又适用于应用型本科院校,或者既适用于本科院校又适用于高职高专院校。

由于目前财经类应用型本科教材种类和数量匮乏或质量欠佳,财经类应用型本科院校不得不沿用传统研究型教材。这些教材本身的质量很好、级别很高,但是并不适用于应用型本科院校的教学,教师和学生普遍反映不好用。即使在全国范围看,也还没有相对成套、成熟的、适合财经类应用型本科院校的教材。现有财经类教材存在的主要问题包括:①教材的定位和要求较高;②教材的内容偏多、难度大;③教材着重于理论解释,相关案例、实训等内容较少,缺乏普适性、实用性。

与此同时,信息技术的快速发展使学生的学习习惯和阅读习惯发生了改变,不断朝个性化、自主学习式的方向发展,传统的单一纸质版教材已经无法适应这种变化。翻转课堂、慕课、微课等网络课程的兴起,混合式教学的不断推进,也对立体化教材建设提出了新的要求。教材作为一种课堂上的教学工具,一种传播媒介,理应顺势而为,随课堂形式、学生学习方式的改变而改变,朝着数字化、立体化、可视化的方向发展。因此,编写一套适应学生水平、便于学生接受的立体化财经类应用型本科教材迫在眉睫。

我们组织具有多年应用型人才培养经验的优秀教师和实务界专家编写了这套高等学校创新性数智化应用型经济管理规划教材。本系列教材有《会计基本技能》《出纳实务》《基础会计》《中级财务会计》《成本会计》《管理会计》《会计信息系统》《财务管理》《审计学》《高级财务会计》《商业分析》《税法》《经济法》《金融学》《Excel在会计和财务管理中的应用》等品种。为了保证教材的质量,我们为本系列教材聘请了知名高校的专家教授进行专门指导和审核。每本教材至少有一名本学科的知名专家或学科带头人提出审核指导意见、至少有一名高等院校教学一线的高级职称教师参与组织编写、至少有一名行业协会、实务界专家或教学研究机构人员提出编写建议。

本系列教材的特色如下。

1. 应用性

应用型本科的教材建设应坚持培养应用型本科人才的定位,充分吸收和借鉴传统的普通本科教材与高职高专类教材建设的优点和经验,以就业为导向,做到理论上高于高职高专类教材、动手能力的培养上高于传统的本科院校教材。本系列教材体现了应用型本科的定位,体现了素质教育和"以学生发展为本"的教育理念,遵循了高等教育教学基本规律,重视知识、能力和素质的协调发展,根据应用型人才培养模式对学生的创新精神、实践能力和适应能力的要求,在内容选材、教学方法、学习方法、实验和实训配套等方面突出了应用性特征。

2. 针对性

本系列教材的编写符合会计学、财务管理和审计学等专业的培养目标、培养需求、业务规格和教学大纲的基本要求,与各专业的课程结构和课程设置相对应,与课程平台和课程模块相对应。本系列教材在结构纵横的布局、内容重点的选取、示例习题的设计等方面符合教改目标和教学大纲的要求,把教师的备课、试讲、授课、辅导答疑等教学环节有机地结合起来。

3. 立体化

本系列教材为立体化教材,实现了由传统纸质教材向"纸质教材+数字资源"的转变,通过技术手段将晦涩难懂的理论知识转变为直观的具体知识,以立体化、数字化的方式呈现,包括图文、动画、音频、视频等多种形式,生动、有趣且易懂,不仅可以激发学生的学习兴趣,还有利于教学效果的提升。

4. 趣味性

本系列教材注重趣味性,使用了大量的例题和案例,每章都加入了"思政育人""相关思考""延伸阅读"等内容,使读者能够加深理解,便于掌握相关内容。在案例、例题等的设计选用上重点突出趣味性,易于引发读者的共鸣。

5. 先进性

本系列教材反映了应用型会计人才教育教学改革的内容,能够反映学科领域的新发展。教材的整体规划、内容构建等均体现了创新性。教材还强调了系列配套,包括教材、学习参考书、教学课件等。立体化教材在内容修订上更具有明显优势,线上资源可以随时根据政策法规、理论知识或工作实务等的变化进行调整,更有利于保持教材内容的先进性。

6. 基础性

本系列教材打破传统教材自身知识框架的封闭性,尝试多方面知识的融会贯通,注重知识层次的递进,体现每一门科目的基本内容,同时在具体内容上突出实际运用知识能力,做到"教师易教,学生乐学,技能实用"。

7. 易于自学性

自学能力是大学生的一项基本能力。学生只有具备了自主学习的能力,才能最终建立起终身学习的保障体系,这也是应用型本科人才培养的客观要求。应用技术型高校的生源素质与普通高校相比存在一定的差距,除一部分是高考发挥失误的学生外,还有一部分学生在学习习惯、基础知识等方面存在一定的欠缺,这就要求教材能够调动这部分学生的学习积极性,在理论方面尽量通俗易懂,在实践方面尽量采用案例式教学。为了有利于学生课后自主学习,本系列教材配套了学习指导书和教学课件。

因此,本系列教材的定位准确,特色明显,适用于应用型本科院校教学,便于学生的自学和教师的教学。

本系列教材凝聚了众多教授和专家多年来的经验和心血。当然,由于我们的经验和人力有限,教材中难免存在不足,我们期待着各位同行、专家和读者的批评指正。我们将根据经济发展和会计环境的变迁不断修订教材,以便及时反映学科的最新发展和人才培养的最新变化。

本系列教材自2014年出版后,得到市场的认可,深受广大高校师生的欢迎。为了更好地回馈读者,我们从2017年起启动本系列教材第二版的修订工作,2019年启动第三版的修订工作,2021年启动第四版的修订工作。各种教材的修订版已陆续出版。我们会一如既往地做好教材修订和相关服务工作,希望广大读者对本系列教材继续给予支持。

李 雪

2024 年 1 月

第三版前言

本书是"'十四五'高等学校创新性数智化应用型经济管理规划教材(金融科技系列)"《金融学》(第三版)的配套学习指导书,具有应用性、针对性、先进性、基础性、易于自学性的特点。本书既可作为普通高等教育经济管理类专业教材,也可作为其他相关人员学习金融、备战相关金融考试的参考用书。

本书根据《金融学》教材及教学大纲的要求,制作了每章的知识框架图,同时设置了各章重点与难点的提炼讲解,在讲解的过程中配有相关典型例题。讲解完毕,每章配有练习题并提供相应的参考答案。本次改版,按照修订的教材进行了相应的调整,及时更换了部分习题。

《金融学学习指导书》分为三部分,第一部分为"学习指导及思考与练习",下设"本章基本内容框架""重点、难点讲解及典型例题""思考与练习";第二部分为"思考与练习参考答案";第三部分为"模拟试题及参考答案"。

本书具有以下特点:

(1) 总结精炼、内容全面、信息量大,突出基础性及实用性。

(2) 习题的设计突出理论联系实际,体现运用能力,即重视知识、能力和素质的协调发展。

(3) 设置专门的重点难点解析,并借助图、表、公式等工具进行讲解,深入浅出,通俗易懂。

(4) 习题形式多样,包括客观题,也有大量的简答题和计算题,涵盖面广,可以考查学生综合分析和解决问题的能力。

本书由秦桂兰主编,肖英红、王国娜为副主编,张军花、谭晨、张晓霞参与编写。具体分工如下:第一章货币与货币制度(秦桂兰),第二章信用与信用形式(秦桂兰),第三章利息与利率(秦桂兰),第四章汇率与汇率制度(秦桂兰),第五章金融机构体系(张晓霞),第六章中央银行(肖英红),第七章商业银行(肖英红),第八章非存款类金融机构(肖英红),第九章金融市场(张军花),第十章货币需求与货币供给(秦桂兰),第十一章通货膨胀与通货紧缩(王国娜),第十二章金融调控政策(王国娜),第十三章金融安全与金融监管(谭晨)。

各位编者在编写本书的过程中,参考了大量相关教材和论著,在此向有关作者致以深深的谢意!尽管各位编者日常工作繁重,改版过程很艰辛,但经过大家的共同努力,本书愈加完善。在此,向给予大力支持的李雪教授、徐国君教授和各位编者致以深深的谢意!

本书的编写先后经过多次讨论、研究,力求内容编排合理、避免错误,但可能还存在考虑不周、表述不妥的地方,敬请读者批评指正。您的宝贵建议可以发送至此邮箱:guilan.qin@qdc.edu.cn。

编　者
2024 年 6 月

目 录

第一部分 学习指导及思考与练习

第一章 货币与货币制度 ········· 1
本章基本内容框架 ········· 1
重点、难点讲解及典型例题 ········· 2
思考与练习 ········· 5

第二章 信用与信用形式 ········· 8
本章基本内容框架 ········· 8
重点、难点讲解及典型例题 ········· 8
思考与练习 ········· 12

第三章 利息与利率 ········· 14
本章基本内容框架 ········· 14
重点、难点讲解及典型例题 ········· 14
思考与练习 ········· 19

第四章 汇率与汇率制度 ········· 22
本章基本内容框架 ········· 22
重点、难点讲解及典型例题 ········· 23
思考与练习 ········· 28

第五章 金融机构体系 ········· 31
本章基本内容框架 ········· 31
重点、难点讲解及典型例题 ········· 31
思考与练习 ········· 34

第六章　中央银行 ... 37
　　本章基本内容框架 ... 37
　　重点、难点讲解及典型例题 ... 37
　　思考与练习 ... 40

第七章　商业银行 ... 43
　　本章基本内容框架 ... 43
　　重点、难点讲解及典型例题 ... 43
　　思考与练习 ... 46

第八章　非存款类金融机构 ... 49
　　本章基本内容框架 ... 49
　　重点、难点讲解及典型例题 ... 49
　　思考与练习 ... 53

第九章　金融市场 ... 55
　　本章基本内容框架 ... 55
　　重点、难点讲解及典型例题 ... 55
　　思考与练习 ... 61

第十章　货币需求与货币供给 ... 65
　　本章基本内容框架 ... 65
　　重点、难点讲解及典型例题 ... 65
　　思考与练习 ... 70

第十一章　通货膨胀与通货紧缩 ... 73
　　本章基本内容框架 ... 73
　　重点、难点讲解及典型例题 ... 73
　　思考与练习 ... 79

第十二章　金融调控政策 ... 82
　　本章基本内容框架 ... 82
　　重点、难点讲解及典型例题 ... 82
　　思考与练习 ... 85

第十三章　金融安全与金融监管 ·· 88
　　本章基本内容框架 ··· 88
　　重点、难点讲解及典型例题 ·· 88
　　思考与练习 ·· 90

第二部分　思考与练习参考答案

第一章　货币与货币制度 ·· 93
第二章　信用与信用形式 ·· 95
第三章　利息与利率 ··· 96
第四章　汇率与汇率制度 ·· 98
第五章　金融机构体系 ··· 100
第六章　中央银行 ·· 103
第七章　商业银行 ·· 105
第八章　非存款类金融机构 ··· 107
第九章　金融市场 ·· 110
第十章　货币需求与货币供给 ··· 113
第十一章　通货膨胀与通货紧缩 ··· 115
第十二章　金融调控政策 ·· 118
第十三章　金融安全与金融监管 ··· 122

第三部分　模拟试题及参考答案

金融学模拟试题（一） ·· 125
金融学模拟试题（二） ·· 130
金融学模拟试题（一）参考答案 ·· 135
金融学模拟试题（二）参考答案 ·· 136

第一部分　学习指导及思考与练习

第一章　货币与货币制度

 本章基本内容框架

货币概述
- 货币的产生
- 货币的形式演变
  - 实物货币
  - 金属货币
  - 纸质货币
  - 存款货币
  - 电子货币
  - 数字货币
- 货币的定义
- 货币的职能
  - 价值尺度
  - 流通手段
  - 支付手段
  - 贮藏手段
  - 世界货币
- 货币的层次划分

货币制度
- 货币制度的含义
- 货币制度的构成要素
  - 货币材料
  - 货币单位
  - 货币种类及偿付能力
  - 货币发行准备制度
- 货币制度的演变
  - 银本位制
  - 金银复本位制
  - 金本位制
  - 不兑现的信用货币制度
- 我国的货币制度
- 区域性货币制度
- 国际货币制度

重点、难点讲解及典型例题

一、货币的形式演变

货币的形式演变是指用什么材料来充当货币。不同的货币形式适应了不同的社会生产阶段和历史阶段的需要,货币形式大体上经历了实物货币、金属货币、纸质货币、存款货币、电子货币及数字货币六个阶段。

实物货币是人类历史上最古老的货币。随着商品交换的发展和扩大,实物形态的货币逐渐被价值稳定、便于携带、易于分割的金属货币所替代。纸质货币是指持有人可随时向发行银行或政府兑换成铸币或金银条块的纸币,其效力与金属货币完全相同,且有携带便利、避免磨损、节省金银等优点。纸质货币是一种象征性货币,是社会商品经济发展到一定阶段的产物,经历了从兑现纸币到不兑现纸币的发展历程。上述实物货币、金属货币及纸质货币都是有形的。但随着信用制度的发展,又出现了无形的货币,存款货币就是其中之一。存款货币是指能够发挥货币交易媒介和资产职能的银行存款,包括可以直接进行转账支付、流动性强的活期存款,也包括企业定期存款及居民储蓄存款等。自20世纪70年代以来,在新技术革命的推动下,出现了电子货币。电子货币是以电子计算机及现代通信为基础,以信息技术为手段,借助于一些载体,以传输电子信息的方式实现流通手段和支付手段功能的货币形式。数字货币一般指由央行发行的、与纸币并行流通的数字化货币,与纸币有着同等的地位。另外它由国家信用背书,具有无限法偿性与强制性,而且币值稳定,适用于各类经济交易活动。

【例题1·单项选择题】 最初的货币形态是( )。
A. 实物货币　　　　　　　　　　B. 信用货币
C. 金属货币　　　　　　　　　　D. 纸币
【答案】 A
【解析】 实物货币是人类历史上最古老的货币。在商品生产和交换还不发达的古代,实物货币的形式五花八门,如牲畜、皮毛、布帛、贝壳、粮食、烟叶、可可豆、象牙等,所以选A。

二、货币的职能

货币的职能是货币本质的具体表现形式,它随着商品经济的发展而逐渐完备起来。在发达的商品经济中,它具有价值尺度、流通手段、贮藏手段、支付手段和世界货币五种职能。其中最基本的职能是价值尺度和流通手段。

(1) 价值尺度是用来衡量和表现商品价值的一种职能,是货币的最基本、最重要的职能。商品价值量的大小,取决于它所包含的社会必要劳动时间的长短。在这里,社会必要劳动时间是商品价值的内在尺度。但在商品经济条件下,商品价值量的大小无法用劳动时间来直接表现,而只能通过作为价值代表的货币来简单表现。可见,货币执行价值尺度的职能,实际上是充当商品价值的外在价值尺度。

(2) 货币充当商品交换媒介的职能。在商品交换过程中,商品出卖者把商品转化为货币,然后再用货币去购买商品。在这里,货币发挥交换媒介的作用,执行流通手段的职能。货币充当价值尺度的职能是它作为流通手段职能的前提,而货币的流通手段职能是价值尺度职能的进一步发展。

(3) 货币能够执行贮藏手段的职能,是因为它是一般等价物,可以用来购买一切商品,因而货币贮藏就有必要了。

(4) 货币的支付手段是指货币作为独立的价值形式进行单方面运动(如清偿债务、缴纳税款、支付工资和租金等)时所执行的职能。

(5) 当货币跨越国界,在世界市场上执行一般等价物的职能时就充当了世界货币。从最初的黄金白银,变成现在某些国家的信用货币,如美元、英镑、欧元、日元等。目前人民币还未成为世界货币,正在逐步国际化的进程中。

【例题2·单项选择题】 在借贷、财政收支、工资发放、租金收取等活动中,货币执行( )。

A. 价值尺度　　　　　　　　B. 流通手段
C. 贮藏手段　　　　　　　　D. 支付手段

【答案】 D

【解析】 支付手段是指货币在执行清偿债务时所执行的职能。在商品交换中,商品买卖可以不用现款,采用赊账的方式,到一定时期后再付现款。由于先购买,后支付,卖者成为债权人,买者成为债务人。到约定期限后,买者以货币清偿对卖者的债务。在这里,货币就起着支付手段的职能。所以选D。

【例题3·单项选择题】 在商品流通中,执行媒介作用的货币被称为( )。

A. 交易媒介　　　　　　　　B. 贮藏手段
C. 支付手段　　　　　　　　D. 价值尺度

【答案】 A

【解析】 在商品流通中,执行媒介作用的货币,被称为交易媒介,马克思称其为流通手段。所以选A。

三、货币的层次划分

关于货币层次划分,各国有各自的划分标准,而且同一国家在不同时期的货币层次划分方法也有差别。货币层次划分的基本的思路是按照货币的流动性来划分。

国际通用的货币层次一般可作如下划分。

1. M_0

M_0(现钞)不包括商业银行的库存现金,而是指流通于银行体系以外的现金,包括居民手中的现金和企业单位的备用金。这部分货币可随时作为流通手段和支付手段,因而具有最强的购买力。

2. M_1

M_1(狭义货币)由M_0和企业的活期存款构成。由于活期存款随时可以签发支票而成为直接的支付手段,所以,它同现金一样是具有流动性的货币。M_1作为现实的购买力,对社会经济有着最广泛而直接的影响,因而是各国货币政策调控的主要对象。

3. M_2

M_2(广义货币)＝M_1＋定期存款＋储蓄存款＋外币存款＋各种短期信用工具(银行承兑汇票、短期国库券等)。由于M_2包括了一切可能成为现实购买力的货币形式,因此,它对研究货币流通的整体状况具有重要意义,尤其是对货币供应量的计量以及对货币流通未来趋势的预测,均具有独特的作用。

【例题4·判断题】 我国M_1层次的货币口径是:M_1＝流通中的现金＋企业活期存款＋个人活期储蓄存款。　　　　　　　　　　　　　　　　　　　　　　(　　)

【答案】 错

【解析】 M_1＝M_0＋企业活期存款,个人活期储蓄存款属于M_2。

四、劣币驱逐良币

货币制度的演变过程为:从银本位→金银复本位→金本位→不兑现的信用货币制度。双本位制是金银复本位制的典型形态,但在这种制度下,出现了"劣币驱逐良币"的现象:两种市场价格不同而法定价格相同的货币同时流通时,市场价格偏高的货币(良币)就会被市场价格偏低的货币(劣币)排斥,在价值规律的作用下,良币退出流通并进入贮藏,而劣币充斥市场。这种劣币驱逐良币的规律又被称为"格雷欣法则"。

【例题5·单项选择题】 下列关于劣币驱逐良币现象,说法不正确的是(　　)。

A. 根本原因在于存在两种本位币

B. 劣币就是银币,良币就是金币

C. 它的发生使货币制度不稳定

D. 当银币被高估时,就是劣币

【答案】 B

【解析】 劣币驱逐良币现象发生的根本原因在于双本位制的存在,A是对的。而如何判断谁是劣币谁是良币,则主要看市场价格与法定价格的对比。被低估的货币就是良币,被高估的货币就是劣币。所以B说法不对,D是对的。另外,该现象的存在,使商品出现双重价格,商品流通混乱,因此使货币制度变得不稳定,C是对的。所以选B。

五、本币与辅币

(1)货币制度中将进入流通领域的货币分为本位币和辅币。本位币又称为主币,是一国流通中的基本通货。辅币是主币以下的小额通货,供日常零星交易与找零之用,各国货币制度一般规定辅币限制铸造。辅币一般只具有有限法偿能力,具体看各国货币制度的规定。

(2)本位币的面值与实际金属价值是一致的,是足值货币,国家规定本位币具有无限法偿能力。允许本位币可以自由铸造和熔化的国家,对于流通中磨损超过重量公差的本位币,不准投入流通使用,但可以向政府指定的机构兑换新币,即超差兑换。

(3) 辅币一般用贱金属铸造,其所包含的实际价值低于名义价值,但国家以法令形式规定在一定限额内。辅币可以与主币自由兑换。辅币不能自由铸造,只准国家铸造,铸币收入是国家财政收入的重要来源。

【例题6·判断题】 无论在哪个国家,辅币都是有限法偿。　　　　　　(　　)

【答案】 错

【解析】 辅币一般是有限法偿,但在纸币流通下还要看国家的规定。如果没有明确规定辅币的限制使用,则辅币也是无限法偿,如我国。

【例题7·单项选择题】 流通中的主币(　　)。

A. 是小面额货币

B. 是有限法偿货币

C. 主要用于小额零星交易

D. 是一个国家的基本通货

【答案】 D

【解析】 主币又称本位币,是一个国家流通中的基本通货。A、B、C三项都是辅币的特点,只有D项符合主币的特点,所以选D。

 思考与练习

一、单项选择题

1. 货币的起源与下列因素中的(　　)密不可分。

A. 私有制　　　　　　　　　　　　B. 社会分工

C. 商品交换发展　　　　　　　　　D. 财富分配

2. 货币政策调控的主要对象是(　　)。

A. M_0　　　　　　　　　　　　　B. M_1

C. M_2　　　　　　　　　　　　　D. 全都是

3. 根据马克思关于货币起源的论述,价值表现形式依次经历了(　　)阶段。

A. 简单、偶然的价值形式→扩大的价值形式→一般价值形式→货币形式

B. 简单、偶然的价值形式→一般价值形式→扩大的价值形式→货币形式

C. 扩大的价值形式→简单、偶然的价值形式→一般价值形式→货币形式

D. 一般价值形式→简单、偶然的价值形式→扩大的价值形式→货币形式

4. 关于数字货币,说法错误的是(　　)。

A. 本质上与比特币相同　　　　　　B. 价值相对稳定

C. 法定数字货币由央行主导发行　　D. 一般由国家信用背书

5. 规定黄金由政府储存,居民可在银行券达到规定的数额时才可兑换黄金的是货币制度中的(　　)。

A. 平行本位制　　　　　　　　　　B. 金汇兑本位制

C. 金块本位制　　　　　　　　　　D. 纸币本位制

6. "金银天然不是货币,但货币天然是金银"是指( )。
   A. 货币就是金银   B. 金银就是货币
   C. 金银天然地最适宜于充当货币   D. 金银不是货币
7. 格雷欣法则起作用是在( )下。
   A. 跛行本位制   B. 平行本位制
   C. 双本位制   D. 金本位制
8. ( )是指货币退出流通领域被人们当做社会财富的一般代表保存起来的职能。
   A. 价值尺度职能   B. 流通职能
   C. 贮藏职能   D. 支付职能
9. 最早实行金本位制的国家是( )。
   A. 美国   B. 德国
   C. 日本   D. 英国
10. 在电子技术迅速发展的情况下,货币的主要形态通常表现为( )。
    A. 不兑现信用货币   B. 存款货币
    C. 信用卡   D. 电子货币

二、多项选择题

1. 布雷顿森林体系的主要内容有( )。
   A. 以黄金为基础
   B. 以美元为最主要的国际储备货币
   C. 实行美元与黄金挂钩,其他国家货币与美元挂钩的"双挂钩"国际货币体系
   D. 实行固定汇率制
2. 下列属于电子货币的有( )。
   A. 银行券   B. 借记卡
   C. 信用卡   D. 储值卡
3. 货币制度的构成要素一般包括( )。
   A. 规定货币材料   B. 规定货币单位
   C. 规定流通中货币的种类   D. 规定货币的法定支付能力
4. 下列关于人民币的说法中,正确的有( )。
   A. 人民币是由中国人民银行发行的   B. 人民币不规定含金量
   C. 人民币是中华人民共和国的法定货币 D. 人民币是一种信用货币
5. 货币的职能有( )。
   A. 支付手段   B. 流通手段
   C. 价值尺度   D. 贮藏手段

三、判断题

1. 历史上最早出现的货币制度是银本位制。   ( )

2. 推动货币形式演变的真正动力是国家对货币形式的强制性要求。　　（　）
3. 本位币在金属货币时期既可以由国家铸造，也可以由私人铸造。　　（　）
4. 目前，世界各国普遍以金融资产的安全性强弱作为划分货币层次的主要依据。
　　　　　　　　　　　　　　　　　　　　　　　　　　　　　　　（　）
5. 马克思货币理论认为，货币是商品经济发展的产物，必将随着商品经济的发展而趋于灭亡。　　　　　　　　　　　　　　　　　　　　　　　　　　　（　）

四、名词解释

1. 信用货币
2. 劣币驱逐良币
3. 有限法偿
4. 本位币
5. 货币制度
6. 金币本位制

五、简答题

1. 简述货币形式的演变过程。
2. 简要说明不兑现的信用货币制度的特点。我国人民币制度的主要内容包括哪些？
3. 划分货币层次的依据是什么？为什么说科学地划分货币层次具有非常重要的意义？
4. 应如何正确理解目前我国的"一国四币"制度？我国会出现"劣币驱逐良币"现象吗？

第二章　信用与信用形式

 本章基本内容框架

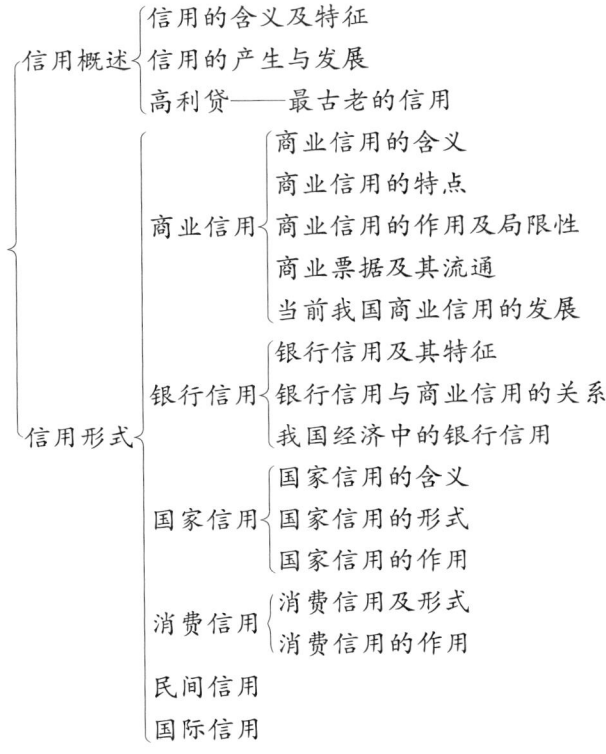

 重点、难点讲解及典型例题

一、信用的含义、特征及产生

经济学及金融学中提到的信用是指以偿还和付息为基本条件的借贷行为。所谓"有借有还,再借不难",偿还性是信用的最基本特征。一般情况下,债务人除了还本还要多付一部分,这就是利息。信用从本质上看是债权债务关系。信用的主体身份一个是债权人,另一个是债务人,而且信用活动体现出价值单方面转移的特征。

【例题1·单项选择题】　以下属于信用的是（　　）。
A. 财政拨款　　　　B. 商品买卖　　　　C. 救济　　　　D. 赊销
【答案】　D

【解析】 "财政拨款"和"救济"都是无偿的,"商品买卖"是一手交钱一手交货,没有债权债务产生;只有"赊销"体现出债权债务关系,所以只有 D 符合信用的特征。

【例题 2·单项选择题】 经济范畴中的信用是一种( )。
A. 买卖行为
B. 赠予行为
C. 借贷行为
D. 救济行为

【答案】 C

【解析】 信用是一种以偿还和付息为条件的借贷行为,所以选 C。买卖行为不形成债权债务关系,赠予行为与救济行为都是无偿的。

【例题 3·多项选择题】 以下属于信用特征的有( )。
A. 偿还和付息
B. 本质是债权债务关系
C. 价值单方面转移
D. 以相互信任为基础

【答案】 ABCD

【解析】 比较好理解的是 ABC,这些都属于信用活动典型的特征;之所以要选 D 选项,是因为如果双方相互之间不信任,那么将不会有赊销、借钱等行为发生。这也体现出金融学中的信用与生活中说的讲信用、讲诚信是紧密联系的。

【例题 4·单项选择题】 在信用关系的价值运动中,体现出货币执行( )职能。
A. 价值尺度
B. 流通手段
C. 支付手段
D. 贮藏手段

【答案】 C

【解析】 信用是一种价值单方面的转移,又主要从商品的赊销扩大到其他领域,如货币的借贷(借钱还钱)、缴税、交租等,而这些都与货币的支付手段职能相对应,所以选 C。

【例题 5·多项选择题】 信用产生的原因有( )。
A. 利息的出现
B. 私有制的出现
C. 人们对利益的追求
D. 财富占有不均

【答案】 BD

【解析】 信用是一种借贷活动,只有在原始社会末期出现私有制和剩余产品,并且出现贫富分化之后,引起财富占有不均,才需要贫困者向富裕者借贷调剂,由此产生了信用活动,所以选 BD。

【例题 6·多项选择题】 下列对实物借贷和货币借贷的关系表述中,正确的有( )。
A. 实物借贷形式最初出现
B. 货币借贷比实物借贷更方便灵活
C. 在现代经济中已经不存在任何实物借贷形式
D. 随着生产力提高,实物借贷逐渐减少,货币借贷成为主要形式

【答案】 ABD

【解析】 从信用活动产生过程看,是实物借贷最初出现,货币借贷伴随出现,由于货币是一般购买力的代表,因此货币借贷成了最主要的形式。实物借贷逐渐向货币借贷演变并以货币借贷为主。但现实中实物借贷依然存在。所以 C 错误,其他都正确。

二、高利贷

高利贷是最古老的信用。无论在东方还是西方,在前资本主义社会以自然经济和小生产为主导的旧生产方式中,都一直是居于主导地位的信用形式。高利贷以极高利率为特征,此外利率不稳定且差异极大则是其另外一个重要的特征。高利贷者确定的利率水平,往往会因借款人的还款能力、与其关系的亲疏远近而有很大的差异。

【例题7·多项选择题】 下列关于高利贷的表述中,正确的有( )。

A. 利息高、剥削重
B. 高利率与资金供求有关
C. 高利贷对经济只有破坏作用
D. 在一定程度上解决了借者的燃眉之急

【答案】 ABD

【解析】 从高利贷的产生与发展看,ABD的表述都是正确的。高利贷之所以能产生,与存在需求有关,在一定程度上解决了借者的燃眉之急。借钱的人越多,利率就越高。高利贷的利率一般都是翻倍甚至更高,而且利滚利。但是高利贷在历史上的作用并非都是负面的,在一定程度上为资本主义生产方式的出现提供了条件。所以C是不对的。

三、信用形式

1. 商业信用

商业信用是发生在企业之间的信用形式,与商品的生产交易直接联系。表现形式有赊销(赊购)、分期付款、延期付款、预付货款或预付定金等。总体上商业信用归纳为赊销与货款预付两大类。

【例题8·单项选择题】 工商企业间在销售商品时由购货企业向销货企业支付的预付货款是( )形式。

A. 民间信用　　　　　　　　B. 银行信用
C. 商业信用　　　　　　　　D. 消费信用

【答案】 C

【解析】 只有商业信用才涉及预付货款问题,所以选C。

【例题9·单项选择题】 商业信用最典型的表现形式是( )。

A. 口头信用　　　　　　　　B. 挂账信用
C. 赊销　　　　　　　　　　D. 分期付款

【答案】 C

【解析】 商业信用最典型的表现形式是赊销,ABD这三项虽然也是商业信用的表现形式,但不是最典型的,所以选C。

2. 银行信用

银行信用是指银行或其他金融机构以货币形式向企业、个人或者政府提供的信用形式。主要以吸收存款、发放贷款、票据贴现、投资等业务体现,属于典型的间接信用或间接融资。

【例题 10·单项选择题】 下列关于银行信用和商业信用关系的表述中,错误的是(   )。

A. 银行信用克服了商业信用的局限性
B. 银行信用的出现进一步促进了商业信用的发展
C. 银行信用在商业信用广泛发展的基础上产生
D. 商业信用在银行信用广泛发展的基础上产生

【答案】 D

【解析】 商业信用的产生早于银行信用,由于商业信用具有的局限性使其无法成为最主要的信用形式。但随着银行信用的出现,银行信用在规模、数量、方向、期限等方面都突破了商业信用的局限性,因此进一步促进了商业信用的发展。所以 D 是错误的。

3. 国家信用

国家信用是以国家政府为债务人,以发行债券或贷款的形式筹集资金的信用形式。有时政府也可以是债权人。国家信用可以分为内债和外债。发行的债券有中央政府债券(国债)、地方政府债券、短期的国库券等。国家信用在弥补财政赤字、调节经济等方面发挥作用。

【例题 11·单项选择题】 (   )是指以政府作为债务人的信用。

A. 银行信用   B. 商业信用
C. 国家信用   D. 消费信用

【答案】 C

【解析】 国家信用又叫政府信用,政府的身份是债务人或债权人。银行信用中通常银行是债务人;商业信用中是企业参与;消费信用中债务人主要是消费者。

4. 消费信用

消费信用是工商企业、银行或其他金融机构向消费者个人提供的用于满足其消费需求的信用形式。这种信用形式不是独立的,依附于商业信用和银行信用,主要用于购房、购车以及购买其他耐用消费品等方面。通常以赊销(赊账)、分期付款、信用卡、消费信贷等方式体现出来,对经济既有积极作用又有消极作用。

【例题 12·多项选择题】 消费信用的基本形式有(   )。

A. 企业以分期付款方式向消费者提供房屋或耐用消费品
B. 银行向消费者提供购房或耐用消费品贷款
C. 个人信用卡透支
D. 个人之间借钱购房

【答案】 ABC

【解析】 消费信用主要通过赊销、分期付款、信用卡、消费信贷等方式体现出来。而且,提供消费信用的主体是银行或工商企业,D 中"个人之间"不属于这类主体。所以选 ABC。

思考与练习

一、单项选择题

1. 信用的最基本特征是（　　）。
   A. 信誉为本　　　　　　　　　　B. 让渡性
   C. 偿还性　　　　　　　　　　　D. 固定性

2. 在现代经济中最基本、占主导地位的是（　　）。
   A. 商业信用　　　　　　　　　　B. 银行信用
   C. 国家信用　　　　　　　　　　D. 消费信用

3. 关于国家信用的作用体现,错误的是（　　）。
   A. 弥补财政赤字　　　　　　　　B. 筹集建设资金
   C. 调节宏观经济　　　　　　　　D. 增加家庭收入

4. 信用形式是指（　　）。
   A. 借者取得商品或货币的形式　　B. 贷者贷出商品或货币的形式
   C. 借贷关系特征的表现形式　　　D. 借贷资本的表现形式

5. 商业信用的债权债务人是（　　）。
   A. 企业经营者　　　　　　　　　B. 银行或其他金融机构
   C. 国家政府或企业　　　　　　　D. 银行和企业

6. 古老的高利贷,不具有的特点是（　　）。
   A. 利息很高　　B. 剥削重　　C. 完全的破坏性　　D. 非生产性

7. 下列属于典型的间接信用的是（　　）。
   A. 商业信用　　　　　　　　　　B. 银行信用
   C. 消费信用　　　　　　　　　　D. 政府信用

8. （　　）属于利率高、风险大、容易发生违约纠纷的信用。
   A. 国家信用　　　　　　　　　　B. 商业信用
   C. 银行信用　　　　　　　　　　D. 民间信用

9. 在信用关系中,（　　）的主要功能是充当信用媒介。
   A. 政府　　　　　　　　　　　　B. 非金融企业
   C. 个人　　　　　　　　　　　　D. 金融机构

10. （　　）是指工商企业、银行或其他金融机构向消费者个人提供的、用于其消费支出的一种信用形式。
    A. 银行信用　　　　　　　　　　B. 商业信用
    C. 国家信用　　　　　　　　　　D. 消费信用

二、多项选择题

1. 商业信用与银行信用相比,它的局限性主要表现在（　　）。

A. 信用中介是企业　　　　　　　　　B. 受期限的限制
C. 信用规模受限制　　　　　　　　　D. 供求有严格的方向性
2. 国际信用的形式有( )。
A. 国际商业信用　　　　　　　　　　B. 国际银行信用
C. 国际金融机构信用　　　　　　　　D. 国际间政府信用
3. 银行信用的优点表现在( )。
A. 不受规模数量限制　　　　　　　　B. 不存在严格的方向性
C. 期限可长可短　　　　　　　　　　D. 非常灵活方便
4. 信用是一种借贷行为,是以( )为条件的价值单方面转移。
A. 偿还　　　　　　　　　　　　　　B. 交换
C. 付息　　　　　　　　　　　　　　D. 营利
5. 目前国家信用的工具主要包括( )。
A. 中央政府债券　　　　　　　　　　B. 地方政府债券
C. 金融债券　　　　　　　　　　　　D. 商业票据

三、判断题

1. 信用活动最早产生于原始社会末期。　　　　　　　　　　　　　( )
2. 现实中出现的亲戚朋友间借钱不还利息,不是一种信用活动。　　( )
3. 高利贷的作用是双重的,既有消极作用也有积极作用。　　　　　( )
4. 银行信用在各方面都具有优势,因此可以完全取代商业信用。　　( )
5. 当前的民间借贷就是高利贷,属于直接信用。　　　　　　　　　( )

四、名词解释

1. 商业信用
2. 银行信用
3. 国家信用
4. 消费信用

五、简答题

1. 商业信用有何局限性?
2. 信用的特征有哪些?
3. 国家信用有何作用?
4. 推行消费信用有何意义?

第三章　利息与利率

 本章基本内容框架

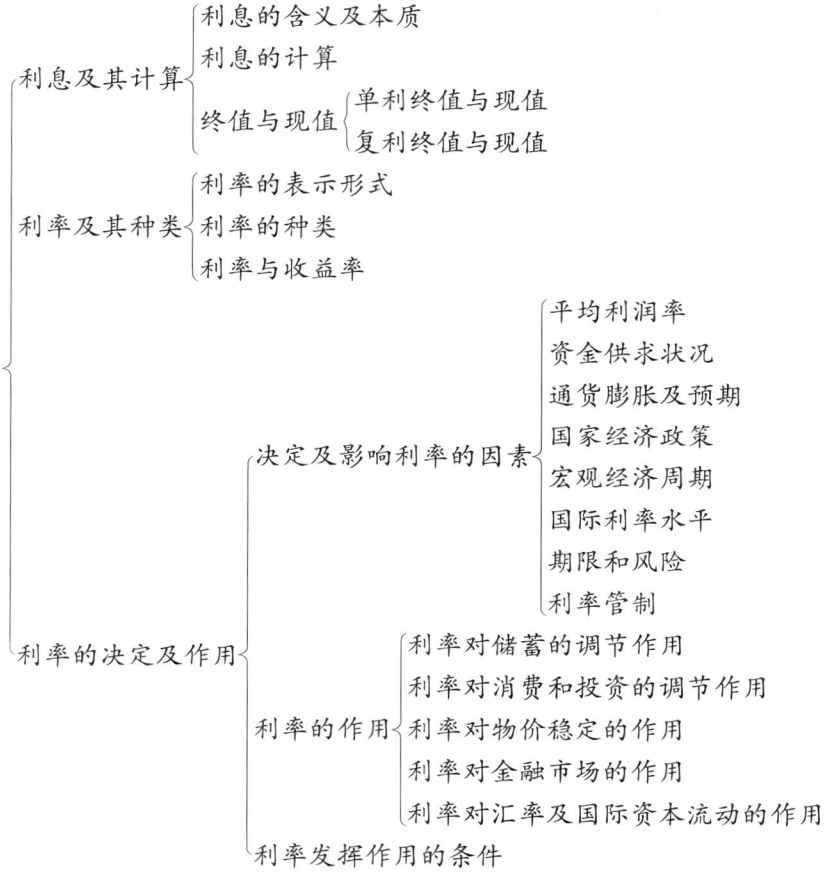

 重点、难点讲解及典型例题

一、货币时间价值的概念

在现实生活中,现在的 1 元钱比 1 年后的 1 元钱更有价值,因为可以把现在拥有的 1 元钱存进银行,1 年后从银行取出的总额肯定大于 1 元,这两者的差额就是通常所说的利息。如若不存银行,还可以进行其他投资,也会产生增值额。对这种现象,金融学中用"货币时间价值"概括。

货币时间价值是指一笔资金经过一定时间的运用后产生的增值额。利息和利率是货币时间价值的具体体现。那些处于静止状态的资金是不会产生时间价值的,而且不同时点上的资金无法直接进行比较。

【例题1·单项选择题】 对货币时间价值的表述,不正确的是( )。

A. 货币时间价值是一笔资金在一定时期后的增值额
B. 货币时间价值是一笔资金经过一定时期的投资或再投资后的增值额
C. 利息与利率通常是货币时间价值的具体体现
D. 若利率大于零,则现在的100元价值大于1年后的100元

【答案】 A

【解析】 由于货币时间价值是指一笔资金经过一定时间的运用后产生的增值额。如果没有运用,处于静止状态是不会产生增值的。所以A是不对的。利息和利率是货币时间价值的具体体现。那些处于静止状态的资金是不会产生时间价值的。而且不同时点上的资金无法直接进行比较。

二、利息的含义及本质

利息是超出借贷本金的一部分,是货币贷出者获得的报酬,也是伴随信用活动而产生的经济范畴。利息对于债权人来说是一种报酬或补偿,但对于债务人来说则是一种成本或代价。现实中,利息也可以看成是收益的一般形态,甚至可以进行收益资本化。

【例题2·多项选择题】 对利息的表述中,下列各项中( )是正确的。

A. 利息是与信用相伴随的一个经济范畴
B. 利息是货币所有者因贷出货币而获得的报酬
C. 利息是银行等金融机构费用开支和利润的来源
D. 利息对于负债融资的债务人来说是一项成本

【答案】 ABCD

【解析】 利息是超出借贷本金的一部分,是货币贷出者获得的报酬,也是信用活动的条件之一。对于银行来说,利息是其主要的利润来源。而站在企业角度,利息多少是其重要的成本,所以ABCD全都选。

三、利息的计算

利息计算主要有两种方法:单利计息和复利计息。单利法只就本金算利息,利息不计利息;而复利法是"利滚利",利息也算利息,是一种更科学合理的计息方式。现实中的投资理财基本都按照复利原则计息,复利的力量是相当惊人的。

【例题3·单项选择题】 某人存入银行一笔1年期储蓄存款10 000元,存款年利率为5%,到期一次还本付息,则按复利计息到期的本利和( )。

A. 等于 10 500 元　　　　　　　　　　B. 大于 10 500 元
C. 小于 10 500 元　　　　　　　　　　D. 无法确定

【答案】　A

【解析】　复利法下本利和计算公式为 S＝10 000(1＋5％)¹＝10 500(元)，由于是 1 年期存款，本利和与单利计息结果一样。所以选 A。

四、终值与现值

终值(future value,FV)是指现在的一笔资金或一系列收付款项按给定的利率计算所得到的未来某个时点上的价值，即本金和利息之和。

现值(present value,PV)是指未来的一笔资金或一系列收付款项按给定的利率计算所得到的现在的价值，即由终值求现值，一般称之为贴现。

【例题 4·单项选择题】　已知本金为 50 000 元，复利现值系数为 0.808 1，则其按照复利计算的终值为(　　)元。
A. 40 405　　　　B. 49 030　　　　C. 55 390　　　　D. 61 875

【答案】　D

【解析】　本题考核终值和现值的计算。由于复利现值系数为 0.808 1，所以，复利终值系数为 1/0.808 1＝1.237 5，故按照复利计算的本利和＝50 000×1.237 5＝61 875(元)。

【例题 5·多项选择题】　有一项银行存款 M 元，年利率是 10％，每季复利一次，期限是 2 年，那么其终值为(　　)。
A. M×(F/P,10％,2)　　　　　　　　B. M×(F/P,2.5％,8)
C. M×(F/P,10.38％,2)　　　　　　D. M×(F/P,5％,4)

【答案】　BC

【解析】　如果用名义利率表示，则每季利率为 2.5％，期限为 8 年。所以 B 正确；如果用实际利率表示，则实际利率为 (1＋10％/4)⁴－1＝10.38％，期限为 2 年。所以 C 正确。

【例题 6·多项选择题】　以下影响复利现值的因素有(　　)。
A. 收付款项的金额
B. 折现率
C. 复利频率
D. 收付款项的时间间隔

【答案】　ABCD

【解析】　复利现值的计算公式为 $PV=\dfrac{FV}{(1+r)^n}$，通过公式可以看到，四个选项都会对复利现值大小产生影响。所以选 ABCD。

【例题 7·判断题】　复利终值系数与复利现值系数互为倒数关系。　　　　　(　　)

【答案】　对

【解析】　复利终值系数公式与复利现值系数公式分别为 $(1+r)^n$ 及 $\dfrac{1}{(1+r)^n}$，两者互为倒数关系。

五、利率及其种类

利率是一个庞大的系统,根据不同的标准,在不同的场合,可以将利率分为不同的种类,比如,名义利率与实际利率、固定利率与浮动利率、官定利率与市场利率、基准利率与非基准利率、普通利率与优惠利率等。还有年利率、月利率、日利率。

【例题8·单项选择题】 由一国政府金融管理部门或中央银行确定的利率是（　　）。

A. 行业利率　　　　　　　　　　B. 官定利率
C. 市场利率　　　　　　　　　　D. 基准利率

【答案】 B

【解析】 利率根据决定方式不同,分为官定利率与市场利率。由一国政府或央行确定的利率就是官定利率。所以选B。

【例题9·单项选择题】 名义利率、实际利率和通货膨胀率三者之间的关系是（　　）。

A. 名义利率＝实际利率＋通货膨胀率
B. 名义利率＝实际利率－通货膨胀率
C. 名义利率＝实际利率÷通货膨胀率
D. 名义利率＝实际利率×通货膨胀率

【答案】 A

【解析】 名义利率与实际利率是按照有无考虑通胀因素来分的。名义利率不包含通胀因素,而实际利率是剔除通胀因素之后的真实利率。所以三者之间的关系,A表述是正确的。

【例题10·多项选择题】 下列选项中,通常可以作为基准利率的是（　　）。

A. 同业拆借利率　　　　　　　　B. 再贴现率
C. 民间借贷利率　　　　　　　　D. 存贷款利率

【答案】 AB

【解析】 基准利率是多种利率并存时起决定作用的利率。现实中,主要是一国同业拆借市场利率、再贴现率作为基准利率。我国比较特别的是把1年期存贷款利率也视为基准利率,但西方国家不以此为基准利率。所以选AB。

收益率或回报率通常会与利率并行使用,因为从本质上说,收益率实质上就是利率。有的收益率直接表现为利率(如存款),通常不将两者进行区分。但在实际投资的过程中,由于利率被定义为利息与本金的比例,而真正能够准确衡量一定时期内投资人获得收益多少的指标则是收益率。收益率就是收益额与投资额的比率。

年化收益率在投资理财中很常见,但是它并非是实际收益率。年化收益率是把当前收益率(日收益率、周收益率、月收益率)换算成年收益率来计算的,是一种理论收益率。

【例题11·计算题】 设某企业以每股12元的价格购进A公司股票10 000股,1年后以每股13元的价格卖出,期间享受了一次每10股派2元的分红。在不考虑税收和交易成本的情况下,试计算该企业这一年的收益率。

【解析】 先计算出:股利收入＝(10 000/10)×2＝2 000(元)

资本收入＝(13－12)×10 000＝10 000(元)

再计算:收益率＝(2 000＋10 000)/(10 000×12)×100％＝10％

六、利率的决定及作用

利率作为资金的价格,其高低受多种因素的影响,这些因素主要有平均利润率、资金的供求状况、通胀及预期、经济周期形势、国际利率水平、利率管制、期限与风险等。

而利率一旦发生变动,则"牵一发而动全身"。利率对储蓄、消费、投资具有调节作用。同时利率对物价稳定、金融市场、汇率与资本流动等都有影响,是非常重要的一个经济指标。

【例题12·单项选择题】 一般情况下,如果利率上升,则居民将( )消费,( )储蓄,企业将( )投资。

A. 增加 减少 减少 B. 减少 增加 增加
C. 减少 增加 减少 D. 增加 减少 增加

【答案】 C

【解析】 利率对储蓄、消费、投资具有调节作用,一般情况下,利率与储蓄同向变动,利率与消费、投资反向变动。因此本题选C。

【例题13·单项选择题】 如果发生通胀,为了避免通货膨胀中的本金损失,资金贷出者通常要求名义利率伴随着通货膨胀率的上升而( )。

A. 不变 B. 下降
C. 上升 D. 无法表示

【答案】 C

【解析】 由于通货膨胀是影响利率高低的重要因素,同时由于发生通胀时会使货币贬值。因此,当物价上升并发生通胀时,利率应该随之上升,从而保证实际利率不为负数。所以选C。

【例题14·单项选择题】 在( )时,中央银行会通过政策操作促使利率提高,进而降低消费和投资。

A. 经济萧条期 B. 经济高涨期
C. 市场利率较高且呈上升趋势 D. 通货紧缩

【答案】 B

【解析】 经济周期或经济形势对利率有重要的影响。如果是在经济萧条或通缩紧缩时期,为了刺激消费和投资,应该降低利率。如果是在经济高涨时期,减少通胀带来的危害,应该提高利率。所以本题选B。

思考与练习

一、单项选择题

1. 当名义利率( )通货膨胀率时,实际利率为负利率。
   A. 高于　　　　　B. 低于　　　　　C. 等于　　　　　D. 无法表示
2. 浮动利率通常适用于( )借贷。
   A. 长期　　　　　B. 中期　　　　　C. 短期　　　　　D. 任何形式
3. 由金融市场的资金供求状况决定的利率是( )。
   A. 基准利率　　　B. 市场利率　　　C. 官定利率　　　D. 名义利率
4. 利率按照决定方式可划分为( )。
   A. 实际利率与名义利率　　　　　　B. 固定利率与浮动利率
   C. 年利率、月利率和日利率　　　　D. 市场利率、官定利率和行业利率
5. 现实中通常被作为利率的代表,被认为是计量实际收益更精确的指标是( )。
   A. 收益率　　　　B. 基准利率　　　C. 市场利率　　　D. 票面利率
6. 下列选项中,( )是复利终值系数的表现形式。
   A. $(F/A,r,n)$　　B. $(A/F,r,n)$　　C. $(F/P,r,n)$　　D. $(P/F,r,n)$
7. 某人3年后所需资金34 500元,当利率为5%时,按照复利计算,则现在他应存入( )元。
   A. 30 000　　　　　　　　　　　　B. 39 939.8
   C. 29 802.4　　　　　　　　　　　D. 以上都不对
8. ( )是指一笔货币资金按照一定的利息率水平所计算出来的未来某一时点上的金额。
   A. 现值　　　　　　　　　　　　　B. 终值
   C. 货币的时间价值　　　　　　　　D. 到期收益率
9. 月息5厘是指月利率为( )。
   A. 5%　　　　　B. 0.05%　　　　C. 50%　　　　　D. 5‰
10. 在( )时,中央银行会通过政策操作促使利率降低,进而刺激消费和投资。
    A. 经济萧条期　　　　　　　　　　B. 市场利率较高且呈上升趋势
    C. 经济高涨期　　　　　　　　　　D. 通货膨胀

二、多项选择题

1. 在其他条件相同的条件下,关于终值与现值,下列说法中,正确的有( )。
   A. 利率越大,复利终值越大
   B. 复利次数越多,终值越大
   C. 利率越大,复利现值越小
   D. 复利计息间隔时间越短,终值越大

2. 在下面决定利率的因素中,能引起利率上升的因素有(　　)。
   A. 平均利润率提高　　　　　　　　B. 借贷期限短
   C. 市场资金供不应求　　　　　　　D. 借贷风险增大
3. 以下关于年利率、月利率和日利率的选项中,正确的有(　　)。
   A. 同样一笔贷款,年利率为 7.2%,则月利率为 6‰
   B. 年利率通常以本金的百分之几表示
   C. 利率 2‰表示的是年利率
   D. 日利率通常以本金的万分之几表示
4. 下列关于"月息 3 分"描述中,正确的有(　　)。
   A. 月利率为 3‰　　　　　　　　　B. 年利率为 3.6%
   C. 月利率为 3%　　　　　　　　　D. 年利率为 36%
5. 影响利率变化的因素有(　　)。
   A. 资金供求状况　　　　　　　　　B. 风险因素
   C. 平均利润率　　　　　　　　　　D. 通货膨胀因素

三、判断题

1. 箱子底下的钱是不会产生货币时间价值的,因为没有经过运用。　　　　(　　)
2. 如果现值和利率是固定的,那么计算利息的期数越少,复利的终值也越大。
   　　　　　　　　　　　　　　　　　　　　　　　　　　　　　　　　(　　)
3. 利息的本质是一种报酬,也是收益的一般形态。　　　　　　　　　　(　　)
4. 收益率与利率就是同一个东西,两者并没有什么区别。　　　　　　　(　　)
5. 借贷期限很长时,固定利率对于债权人、债务人都不利,更适合采用浮动利率。
   　　　　　　　　　　　　　　　　　　　　　　　　　　　　　　　　(　　)
6. 经常说的负利率实际上就是存在银行的本金变少了,而不是指实际购买力下降。
   　　　　　　　　　　　　　　　　　　　　　　　　　　　　　　　　(　　)
7. 利率上升时,一般会引起本币汇率上升。　　　　　　　　　　　　　(　　)
8. 利率与股票、债券等有价证券价格通常是反向变动关系。　　　　　　(　　)

四、简答题

1. 利率变动对储蓄、消费和投资产生哪些影响?
2. 物价水平与利率之间的关系如何?
3. 哪些因素影响利率水平高低?
4. 什么叫基准利率? 主要的基准利率有哪些?

五、计算题

1. 现投资 10 000 元,时间为 2 年,年利率为 8%,若每半年计息一次,求第 2 年年末这笔投资相当于多少?

2. 一项500万元的借款,借款期为5年,年利率为8%,若每半年复利一次,实际年利率比名义年利率高多少?

3. 若年利率6%,半年复利一次,现在存入10万元,5年后一次取出多少?

4. 赵先生现在存入银行10万元,存期1年,年利率2%,自动转存,则赵先生10年后可获得多少钱?

第四章　汇率与汇率制度

 本章基本内容框架

- 外汇与汇率概述
  - 外汇
    - 外汇的含义
    - 外汇的特征
    - 外汇的作用
  - 汇率及其标价法
    - 汇率的含义
    - 汇率标价法
      - 直接标价法
      - 间接标价法
  - 汇率的种类

- 汇率的决定及影响
  - 不同货币制度下汇率的决定与变动
    - 金本位制度下汇率的决定与变动
    - 纸币本位制下汇率的决定与变动
  - 影响汇率变动的因素
    - 经济增长状况
    - 国际收支差额
    - 利率水平
    - 通货膨胀
    - 政府的干预政策
    - 市场预期及投机活动
    - 突发因素
  - 汇率变动的影响
    - 对一国经济的影响
      - 影响国际收支
      - 影响物价水平
      - 影响资本流动
      - 影响金融市场
    - 对国际经济的影响
  - 汇率风险
    - 进出口贸易风险
    - 外汇储备风险
    - 外债风险

- 汇率制度
  - 固定汇率制度
    - 概念
    - 作用
  - 浮动汇率制度
    - 概念
    - 类型
    - 作用
  - 我国的人民币汇率制度

重点、难点讲解及典型例题

一、外汇的含义及特征

当出现国际贸易后,就出现了外汇。外汇在现实中有不同的理解。可以从动态角度理解为货币的兑换,从而结清各国之间的债权债务关系。日常最常见的是从静态角度理解,又可以分为狭义和广义外汇。狭义上外汇指外币现钞或以外币表示的可用于国际结算的各种支付手段。广义上外汇指一切以外币表示的可用作国际清偿的支付手段和资产。尤其从一国外汇管理角度看,外汇范围宽了很多。并非一切外国货币都是外汇。外汇必须满足三个条件:外币性、可自由兑换性、普遍可接受性。

【例题1·单项选择题】 以下说法错误的是( )。

A. 外汇可以看成一种金融资产

B. 外汇必须以外币表示

C. 外汇就是一种外国钞票

D. 用作外汇的外币必须具有可自由兑换性

【答案】 C

【解析】 无论是狭义还是广义角度,外汇都不应该只是外国钞票。广义上的外汇可以看做金融资产,而且外币成为外汇必须以外币表示,同时具有可自由兑换性。所以ABD都正确。

【例题2·单项选择题】 根据我国外汇管理规定,不属于外汇的是( )。

A. 港元银行汇票 B. 特别提款权

C. 日元销货发票 D. 美国联邦债券

【答案】 C

【解析】 我国外汇管理条例,提到的外汇包括:①外币现钞,包括纸币和铸币;②外币支付凭证或支付工具(包括票据、银行存款凭证、银行卡等);③外币有价证券(包括债券、股票等);④特别提款权(SDR);⑤其他外汇资产。所以只有C不是。

二、汇率标价法

汇率的表示方法中,既可以用本币表示外币(即直接标价法),也可以用外币表示本币(即间接标价法)。两种方法没有本质区别,只是方式不同。直接标价法下,外币固定本币变化;而间接标价法下,本币固定外币变化。世界大多数国家采用直接标价法,而英国、美国等采用间接标价法。不同标价法下,数字变大变小表明的含义不完全相同。

【例题3·单项选择题】 直接标价法下,如果1单位外币换取的本国货币数量增多,则表明( )。

A. 本币对外升值 B. 本币对外贬值

C. 外币汇率下跌 D. 本币汇率上升

【答案】 B

【解析】 当1单位外币换取的本国货币数量增多时,如 USD1＝CNY6 变成 USD1＝CNY6.5,则表明人民币贬值。所以选 B。

【例题 4·多项选择题】 当英镑兑美元汇率从 1.582 4 变为 1.579 6 时,表明(　　)。

A. 英镑升值　　　　　　　　　　　B. 英镑贬值
C. 美元升值　　　　　　　　　　　D. 美元贬值

【答案】 BC

【解析】 英镑兑美元的汇率可以写成 GBP1＝USD1.582 4,现在变成 GBP1＝USD1.579 6,表明1单位英镑换的美元变少了,表明英镑贬值,美元升值。

三、汇率的种类

汇率是一个系统,可以根据不同的需要分成不同的种类。在不同的场合,用到的汇率不同,如去银行买卖外汇时,需用到买入汇率和卖出汇率。而且在不同标价法下,买入汇率和卖出汇率位置不同,表示的含义也不同。具体分类如表 4-1 所示。

表 4-1　汇率的不同种类

分类标准	汇率种类
按照银行买卖外汇的角度	买入汇率、卖出汇率、现钞汇率、中间汇率
按照制定汇率的方法	基准汇率和套算汇率
按照外汇买卖的交割期限	即期汇率和远期汇率
按照汇率制度	固定汇率和浮动汇率
按照管理程度	官方汇率和市场汇率
按照是否剔除物价变动因素	名义汇率和实际汇率

【例题 5·多项选择题】 某日中国银行公布的汇率为 USD1＝CNY6.321 0—6.323 0,下列说法正确的有(　　)。

A. 6.321 0 是中国银行买入美元汇率

B. 6.321 0 是中国银行卖出美元汇率

C. 中国银行卖出美元汇率为 6.323 0

D. 中国银行买入美元汇率为 6.323 0

【答案】 AC

【解析】 在直接标价法下,前面较小的数字是买入汇率,而后面较大的数字是卖出汇率。

例如:USD1＝CNY6.321 0—6.323 0。这里美元是外币,人民币是本币。这表示中国银行买入1美元支付 6.321 0 人民币,而卖出1美元收进 6.323 0 人民币。中间的差价就是买卖美元的利润。所以选 AC。

【例题 6·单项选择题】 某日本客户要求日本某银行将日元换成美元,当时市场汇率为 USD1＝JPY118.70—118.80,银行应选择的汇率是(　　)。

A. 118.70　　　　　　　　　　　　B. 118.75
C. 118.80　　　　　　　　　　　　D. 118.85

【答案】 C

【解析】 在题中的汇率中,118.70表示银行买入1美元,给客户的日元数;而118.80表示银行卖出1美元,从客户手中收到的日元数。现在是客户将日元去银行换成美元,相当于银行卖出美元。所以应该选择C。

【例题7·单项选择题】 已知,USD1＝HKD7.784 5,USD1＝EUR0.891 5,EUR/HKD是(　　)。

A. 6.939 9　　　　　　　　　　　　B. 0.114 5
C. 8.731 9　　　　　　　　　　　　D. 6.893 0

【答案】 C

【解析】 要计算套算汇率,先看清楚汇率表示。本题计算的是EUR/HKD,即EUR1＝?HKD。所以应该用7.784 5÷0.891 5＝8.731 9。所以选C。

四、影响汇率变动的因素

货币具有或代表的价值是决定汇率水平的基础,汇率在这一基础上受其他因素的影响而变动,形成现实的汇率水平。不同货币制度下,决定及影响汇率的因素不完全相同。金本位制度下,汇率主要由铸币平价决定。而纸币本位制下,汇率主要由纸币本身的价值决定,同时受很多因素的影响,从而发生变动。

影响汇率变动的因素有很多,既包括经济因素,也包括政治因素,心理因素及其他因素等。各因素之间存在相互联系的同时也相互制约,并且其作用的强弱也经常发生变化。同一种因素在不同的国家甚至是同一国家不同的时期所发挥的作用也不尽相同。因此,汇率变动的原因极其错综复杂。但从根本上说,影响汇率变动的主要因素是一些基本的经济因素。它们是通过影响外汇的供求关系而导致汇率变动的。

【例题8·单项选择题】 通常情况下,一国国际收支逆差时,外汇汇率会(　　)。

A. 下降　　　　　　　　　　　　B. 上升
C. 不变　　　　　　　　　　　　D. 不确定

【答案】 B

【解析】 国际收支是影响汇率变动的直接因素,逆差时往往引起本币贬值,而外币升值即外汇汇率上升;而顺差时,往往引起本币升值,外币贬值即外汇汇率下跌。所以选B。

【例题9·单项选择题】 通常情况下,一国利率提高,会导致(　　)。

A. 本币汇率上升,外汇汇率下降　　　　B. 本币汇率下降,外汇汇率上升
C. 本币汇率上升,外汇汇率上升　　　　D. 本币汇率下降,外汇汇率下降

【答案】 A

【解析】 利率与汇率之间关系密切,利率主要是通过存在的利率差从而引起短期资本流动。一般,利率提高→资本流入→本币升值。所以选A。

【例题10·单项选择题】 当一国通货膨胀率低于其他国家通货膨胀率时,将会导致

本国货币汇率（　　）。

A. 上升
B. 下降
C. 不升不降
D. 升降无常

【答案】　A

【解析】　由于通货膨胀时本国货币对内贬值,因此,也会导致本国货币有对外贬值趋势。同时由于本国通胀率相对较低,因此相对而言,本币相对外币反而表现为汇率上升。所以选 A。

五、汇率变动的影响

在当今的浮动汇率制度下,汇率变动频繁而剧烈。汇率变动对一国国内经济、国际收支甚至整个世界经济都有重大影响。如本国汇率上升,有利于本国进口,但不利于出口。而本国汇率上升,带来资本流入,同时也会引起国内物价水平上升。当一国货币在国际金融市场上占据重要地位时,如美元,则它的变动对世界经济都会产生影响。所以需要重视汇率变动的作用或影响。

【例题 11·单项选择题】　一国货币对外贬值一般能起到（　　）的作用。

A. 促进出口、抑制进口
B. 促进进口、促进出口
C. 促进进口、抑制出口
D. 抑制进口、抑制出口

【答案】　A

【解析】　汇率与国际收支密切相关,尤其是贸易收支。一国货币对外贬值时,有利于本国出口但不利于本国的进口。所以选 A。

【例题 12·单项选择题】　本国货币对外贬值,对资本流动带来的影响,说法正确的是（　　）。

A. 本币贬值对长期资本流动没有影响
B. 本币贬值会引起短期资本外逃
C. 本币贬值会引起国际热钱大量流入
D. 本币贬值肯定会导致资本项目顺差

【答案】　B

【解析】　汇率变动对一国资本流动产生影响,通常情况下,本币贬值对长期资本和短期资本都有影响,只不过对短期资本影响更大。本币贬值时,往往引发短期资本外逃,国际热钱流入很少甚至流出,因此也不会出现资本项目顺差。所以 B 表述是正确的。

六、汇率制度

汇率制度是指一国对本币与外币的比价所做出的安排与规定,安排的情况与规定的内容不同就有不同的汇率制度。第二次世界大战后,主要发达国家所建立起来的汇率制度经历了两个阶段:从 1945 年到 1973 年春,它们建立的是固定汇率制度;1973 年春以后,它们又建立起浮动汇率制度。但广大的发展中国家仍实行不同形式的固定汇率制度。现在各国实行的浮动汇率制度也不完全相同,有钉住浮动、管理浮动等。

【例题 13·多项选择题】 以下属于固定汇率制度缺陷的有( )。
A. 易于招致国际游资的冲击
B. 很难独立实施货币政策
C. 容易受到他国经济动荡的影响
D. 汇率波动频繁易引起汇率暴涨暴跌

【答案】 ABC

【解析】 固定汇率制度由于是两国货币比价基本固定,并把两国货币比价的波动幅度控制在一定的范围之内。因此不会引起暴涨暴跌,汇率波动幅度是有限制的。所以 D 不能选,但是却容易出现 ABC 中的问题,所以选这三项。

【例题 14·多项选择题】 与固定汇率制度相比,浮动汇率制度的优点有( )。
A. 可阻挡国际游资的冲击
B. 保证一国能够独立实施货币政策
C. 不易受到他国经济动荡的影响
D. 汇率可自由调整来维持本国经济需要

【答案】 ABCD

【解析】 浮动汇率制度是指对本国货币与外国货币的比价不加以固定,也不规定汇率波动的界限,而由外汇市场根据供求状况的变化自由决定汇率的高低。浮动汇率制是固定汇率制的进步。一般来说,实行浮动汇率在国际金融市场上可防止国际游资对某些主要国家货币的冲击。各国央行可以根据本国经济的需要对汇率调节,可以根据本国国情,独立自主地采取各项经济政策,不易受别国经济动荡影响。因此本题选 ABCD。

【例题 15·单项选择题】 一国央行可以根据本国经济的需要,对外汇市场进行直接或间接地干预,从而使本国汇率升降有利于本国方向发展的汇率制度是( )。
A. 联系汇率制度　　　　　　　　B. 弹性汇率制度
C. 管理浮动制度　　　　　　　　D. 钉住汇率制度

【答案】 C

【解析】 在浮动汇率制度下,各国实行的汇率制度多样化,有自由浮动、管理浮动、单独浮动、联合浮动、钉住浮动等,其中的管理浮动就是一国央行可以根据本国经济的需要,对外汇市场进行直接或间接地干预,从而使本国汇率升降有利于本国方向发展。所以选 C。

【例题 16·单项选择题】 在金本位制度下,汇率波动的界限是( )。
A. 含金量　　　　　　　　　　　B. 黄金输送点
C. 外汇供求　　　　　　　　　　D. 运送黄金的费用

【答案】 B

【解析】 金本位制度下的固定汇率,只要两国货币的含金量不变,该两国货币的汇率就保持稳定。当然,这种固定汇率也要受外汇供求、国际收支的影响,但是汇率的波动界限仅限于黄金输送点。黄金输送点和物价的机能作用,把汇率波动限制在有限的范围内,对汇率起到自动调节的作用,从而保持汇率的相对稳定。所以选 B。

思考与练习

一、单项选择题

1. 狭义外汇是（　　）。
   A. 外国货币
   B. 可用于结清一国债权债务的外币
   C. 外国钞票
   D. 用于国际间债权债务清算的支付手段

2. "外币固定本币变"的汇率标价法是（　　）。
   A. 美元标价法　　　　　　　　B. 直接标价法
   C. 间接标价法　　　　　　　　D. 复汇率

3. 直接标价法下,汇率数字变小说明本币（　　）。
   A. 升值　　　　　　　　　　　B. 贬值
   C. 平价　　　　　　　　　　　D. 不变

4. 以下各因素对汇率变动有短期影响的是（　　）。
   A. 通货膨胀　　　　　　　　　B. 经济增长
   C. 利率　　　　　　　　　　　D. 国际收支

5. 外汇市场上公布的汇率通常都是（　　）。
   A. 名义汇率　　　　　　　　　B. 实际汇率
   C. 即期汇率　　　　　　　　　D. 官方汇率

6. 中间汇率与买入汇率、卖出汇率的正确关系是（　　）。
   A. 中间汇率＝买入汇率÷2
   B. 中间汇率＝卖出汇率÷2
   C. 中间汇率＝（买入汇率＋卖出汇率）÷2
   D. 中间汇率＝（买入汇率－卖出汇率）÷2

7. 在间接标价法下,如果单位本币能换取的外国货币越少,即本币汇率（　　）,则说明外国货币对外（　　）。
   A. 下降,贬值　　　　　　　　B. 下降,升值
   C. 上升,升值　　　　　　　　D. 上升,贬值

8. 外汇投机活动一般会（　　）。
   A. 使汇率下降　　　　　　　　B. 使汇率上升
   C. 使汇率稳定　　　　　　　　D. 加剧汇率波动

9. 金本位制度下,汇率决定的依据是（　　）。
   A. 购买力　　　　　　　　　　B. 物价水平
   C. 经济实力　　　　　　　　　D. 铸币平价

10. 我国目前的汇率制度是（　　）。

A. 浮动汇率制度 B. 固定汇率制度
C. 钉住汇率制度 D. 有管理的浮动汇率制度

11. 在布雷顿森林体系下的汇率制度是( )。
  A. 浮动汇率制度 B. 固定汇率制度
  C. 联合浮动汇率制度 D. 联系汇率制度

12. 本国货币对外贬值,对资本流动带来的影响,说法正确的是( )。
  A. 本币贬值对长期资本流动没有影响 B. 本币贬值会引起短期资本外逃
  C. 本币贬值会引起国际热钱大量流入 D. 本币贬值肯定会导致资本项目顺差

13. 某日中国银行外汇牌价显示美元兑人民币汇率为:现钞买入价7.141 5,现汇买入价7.202 3,现钞卖出价7.235 6,现汇卖出价7.238 6。如果客户想卖美元现钞给银行,应用( )价格。
  A. 7.141 5 B. 7.202 3
  C. 7.235 6 D. 7.238 6

二、多项选择题

1. 我国《中华人民共和国外汇管理条例》中,认为外汇包括( )。
  A. 外币现钞 B. 外币有价证券
  C. 外币支付凭证 D. 特别提款权及其他外汇资产

2. 汇率风险主要表现在( )。
  A. 对外贸易进出口 B. 外汇储备
  C. 各国间债权债务 D. 对外投资

3. 按照政府是否对汇率进行干预,浮动汇率制度可分为( )。
  A. 政治浮动 B. 自由浮动
  C. 经济浮动 D. 管理浮动

4. 影响国际资本流动并进而影响汇率波动的短期因素包括( )。
  A. 利率 B. 经济增长
  C. 心理预期 D. 政府干预

5. 属于固定汇率制度的货币体系有( )。
  A. 国际金本位制度 B. 布雷顿森林体系
  C. 牙买加体系 D. 以上都是

三、判断题

1. 布雷顿森林体系时期最初规定成员国汇率波动幅度为±1%。 ( )
2. 银行的现钞买入价高于现汇买入价。 ( )
3. 远期汇率与即期汇率之间的差额通常用升水、贴水、平价来表示。 ( )
4. 名义汇率没有剔除物价因素,但是可以更真实反映两国汇率水平。 ( )
5. 本币贬值可以促进本国商品出口,一般来说是不受任何条件限制的。 ( )

6. 在进出口贸易中,对于出口商而言,更担心结算货币未来贬值。（　　）
7. 如果本币对外币升值20%,也意味着外币对本币贬值20%。（　　）
8. 相对本币而言,任何外币都是可以称为外汇的。（　　）
9. 当本币对外贬值时,会吸引短期资本大量流入。（　　）
10. 本国的国民收入和就业会受到汇率影响,同时汇率也会影响金融市场。（　　）

四、名词解释

1. 间接标价法
2. 基准汇率
3. 管理浮动
4. 汇率风险
5. 买入价

五、简答题

1. 汇率变动对一国国内经济会产生哪些影响?
2. 什么是直接标价法?有什么特点?请举例说明。
3. 浮动汇率制度对经济有何作用?
4. 经济增长状况对一国汇率有何影响?
5. 2023年5月至2024年7月,人民币兑美元主要呈现贬值走势,请分析人民币贬值主要受哪些因素影响?

第五章　金融机构体系

本章基本内容框架

$$
\begin{cases}
\text{金融机构及其体系构成} \begin{cases} \text{金融机构的产生及含义} \\ \text{金融机构的分类} \begin{cases} \text{监管类金融机构和非监管类金融机构} \\ \text{存款类金融机构和非存款类金融机构} \\ \text{政策性金融机构和非政策性金融机构} \\ \text{直接金融机构和间接金融机构} \end{cases} \\ \text{金融机构的作用} \\ \text{现代金融机构体系的一般构成} \begin{cases} \text{存款类金融机构体系} \\ \text{非存款类金融机构体系} \end{cases} \end{cases} \\
\text{中国金融机构体系} \begin{cases} \text{我国金融机构变迁} \\ \text{我国当前金融机构体系} \begin{cases} \text{中国人民银行} \\ \text{商业银行} \\ \text{政策性银行} \\ \text{外资银行} \\ \text{非银行类金融机构} \end{cases} \\ \text{我国金融监管体系} \end{cases} \\
\text{国际金融机构体系} \begin{cases} \text{国际金融机构体系的形成与发展} \\ \text{全球性金融机构} \\ \text{区域性金融机构} \end{cases}
\end{cases}
$$

重点、难点讲解及典型例题

一、金融机构体系的构成

各国的金融机构体系因国情和经济金融发展水平的差异而各有特点,但在机构种类和构成上大致相同。目前按国际货币基金组织的统计分类,各国金融机构体系主要分为存款类金融机构和非存款类金融机构两大类。

【例题1·单项选择题】 所有金融机构都具有的基本功能是(　　)。
A. 融通资金
B. 支付结算
C. 转移风险
D. 降低交易成本

【答案】 A

【解析】 资金从盈余单位向赤字单位的流动与转让就是资金融通,简称融资。融通资金是所有金融机构都具有的基本功能。所以选 A。

二、我国当前金融机构体系

我国当前金融机构体系是以中国人民银行为核心,政策性银行与商业性银行相分离,国有控股商业银行为主体,多种金融机构并存,严格分工,相互协作的现代金融体系。

1. 中国人民银行

中国人民银行是我国的中央银行,处在全国金融机构体系的核心地位。中国人民银行在国务院领导下,制定和实施货币政策,对金融业实施监督管理。

2. 商业银行

我国商业银行由以下几部分构成:国家控股商业银行、股份制商业银行、城市商业银行、农村商业银行、村镇银行等。

3. 政策性银行

政策性银行是由政府投资设立的、根据政府的决策和意向专门从事政策性金融业务的银行。它们的活动不以营利为目的,并且根据具体分工的不同,服务于特定的领域,所以,也有"政策性专业银行"之称。

1994 年,为了适应经济发展的需要,根据把政策性金融与商业性金融相分离的原则,相继建立了国家开发银行、中国进出口银行和中国农业发展银行 3 家政策性银行。但目前国家开发银行是开发性金融机构,不再是政策性银行。

4. 外资银行

外资银行是指在本国境内由外国独资创办的银行。外资银行的经营范围根据各国银行法律和管理制度的不同而有所不同。有的国家为稳定本国货币,对外资银行的经营范围加以限制;也有些国家对外资银行的业务管理与本国银行一视同仁。它主要凭借其对国际金融市场的了解和广泛的国际网点等有利条件,为在其他国家的本国企业和跨国公司提供贷款,支持其向外扩张和直接投资。

5. 非银行类金融机构

非银行金融机构是以发行股票和债券、接受信用委托、提供保险等形式筹集资金,并将所筹资金运用于长期性投资的金融机构,如证券公司、保险公司、信托公司等。

【例题 2·单项选择题】 我国金融机构体系当中居于主体地位的金融机构是( )。

A. 商业银行　　　　　　　　　　B. 政策性银行
C. 证券公司　　　　　　　　　　D. 保险公司

【答案】 A

【解析】 在我国的金融机构体系中,银行业一直占据着主要地位,商业银行是我国金融业的主体,以银行信贷为主的间接融资在社会总融资中占主导地位。所以选 A。

【例题3·单项选择题】 下列各项中,不属于商业性金融机构的是( )。
A. 商业银行　　　　　　　　　　　B. 信托公司
C. 开发银行　　　　　　　　　　　D. 租赁公司
【答案】 C
【解析】 商业性金融机构是指以经营存放款、证券交易与发行、资金管理等一种或多种业务,以追求利润为其主要经营目标,自主经营、自负盈亏、自求平衡、自我发展的金融企业,包括商业银行、商业性保险公司、投资银行、信托公司、投资基金、租赁公司等。而开发银行属于开发性金融机构,具有一定的政策性。所以选C。

三、国际金融机构体系

目前,全球性的国际金融机构主要有国际货币基金组织、世界银行集团、国际清算银行等。

1. 国际货币基金组织

国际货币基金组织(international monetary fund,IMF)于1945年12月正式成立,总部设在华盛顿,它是一个政府间的、合作性的货币和金融机构,目的是促进国际间的货币合作与汇率稳定,鼓励经济发展,促进高度就业,同时提供国际收支的融通。

2. 世界银行

世界银行(world bank)创立于1945年,也是联合国的专门机构之一。凡是世界银行的国家必须是参加IMF的会员国。世界银行的主要任务是向会员国提供长期贷款,促进战后经济的复兴,协助发展中国家发展生产、开发资源,从而起到配合IMF贷款的作用。

世界银行的贷款审批较为严格,贷款发放后一直受到世界银行的严格监督,加上贷款给私营企业需要政府担保,因此世界银行的贷款安全度是较高的。世界银行一般都贷给政治稳定、经济发展前景看好、国内经济已具有一定实力的发展中国家,特别是我国。我国是世界银行的最大贷款对象国,世界银行对我国的基础建设起到了非常积极的作用。

3. 国际清算银行

国际清算银行(bank for international settlement,BIS)的宗旨是促进各国中央银行之间的合作;为国际金融活动提供更多的便利;在国际金融清算中充当受托人或代理人。它是各国"中央银行的银行",向各国中央银行提供服务并通过中央银行向整个国际金融体系提供一系列高度专业化的服务,办理多种国际清算业务。

【例题4·单项选择题】 国际货币基金组织最主要的资金来源是( )。
A. 国际金融市场借款　　　　　　　B. 成员国认缴的份额
C. 资金运用利息收入　　　　　　　D. 会员国捐款
【答案】 B
【解析】 国际货币基金组织的资金来源主要包括各成员国认缴的份额,它是最主要的资金来源;还有捐赠及特种基金、贷款利息及其他收入、向政府及其他金融机构的借款。所以选B。

【例题5·多项选择题】 下列关于世界银行的说法中,正确的有( )。
A. 成员国认缴的份额是主要资金来源
B. 贷款的对象只能是各国政府,不包括企业
C. 贷款领域包括能源、农业、工业、交通、教育等
D. 除向会员国贷款外,还可以向会员国提供技术援助

【答案】 ACD

【解析】 世界银行的资金来源主要是成员国认缴的份额,此外还可以向国际金融市场借款或发行债券获得资金,A正确。世界银行主要对成员国提供长期建设项目开发贷款,贷款对象除成员国政府外,也包括成员国企业,但必须由政府出面担保,贷款用途广泛,包括农业、工业、能源、交通、教育等的开发性项目。因此B不正确,C正确。另外,世界银行除了给会员国贷款,还向会员国提供技术援助,D正确。所以选ACD。

思考与练习

一、单项选择题

1. 下列不属于目前全球性的国际金融机构的是( )。
   A. 亚洲开发银行　　　　　　　　B. 国际清算银行
   C. 世界银行集团　　　　　　　　D. 国际货币基金组织
2. 下列各项中,不属于股份制商业银行的是( )。
   A. 国家开发银行　　B. 中信银行　　C. 平安银行　　D. 渤海银行
3. 在我国,担负金融监管责任的银行是( )。
   A. 中国人民银行　　　　　　　　B. 中国工商银行
   C. 中国银行　　　　　　　　　　D. 国家开发银行
4. 下列不属于非存款类金融机构的是( )。
   A. 保险公司　　B. 养老基金　　C. 证券公司　　D. 商业银行
5. 存款类金融机构不包括( )。
   A. 中央银行　　B. 保险公司　　C. 商业银行　　D. 政策性银行
6. 在金融机构体系中处于核心地位的是( )。
   A. 政策性银行　　B. 商业银行　　C. 投资银行　　D. 中央银行
7. 我国政策性银行的资金来源主要靠( )。
   A. 自筹　　　　　　　　　　　　B. 发行股票
   C. 财政划拨与发行金融债券　　　D. 集资
8. 信用合作社属于( )。
   A. 存款类金融机构　　　　　　　B. 契约型金融机构
   C. 投资类金融机构　　　　　　　D. 政策性金融机构
9. 下列金融机构中,被比喻为"金融百货公司"且占主体地位的是( )。
   A. 中央银行　　B. 政策性银行　　C. 商业银行　　D. 投资银行

10. 中国人民银行成立于（　　）年。
A. 1947　　　　　B. 1948　　　　　C. 1949　　　　　D. 1950

二、多项选择题

1. 按照金融机构的管理地位，可将金融机构分为（　　）。
   A. 监管类金融机构　　　　　　　　B. 政策性金融机构
   C. 非监管类金融机构　　　　　　　D. 非政策性金融机构
2. 下列机构中，具有监管职能的有（　　）。
   A. 证券公司　　　　　　　　　　　B. 中国人民银行
   C. 证监会　　　　　　　　　　　　D. 国家金融监督管理总局
3. 中国人民银行的主要职责有（　　）。
   A. 发行人民币，管理人民币流通
   B. 审批银行业金融机构及其分支机构的设立
   C. 持有、管理、经营外汇储备、黄金储备
   D. 依法制定和执行货币政策
4. 金融机构与一般的经济组织的区别有（　　）。
   A. 金融机构非常强调以信用为基础
   B. 金融机构门槛非常高
   C. 金融机构经营对象主要是货币及相关资产
   D. 以营利为目的
5. 当前我国银行类金融机构包括（　　）。
   A. 中国人民银行　　　　　　　　　B. 商业银行
   C. 政策性银行　　　　　　　　　　D. 外资银行

三、判断题

1. 中央银行主要面对政府、金融机构及工商企业办理"存、放、汇"业务。（　　）
2. 我国的金融体系由银行金融机构组成。（　　）
3. 政策性银行具有政策性和非营利性特征，但是也可以保本微利。（　　）
4. 在我国金融体系中，不存在民营资本银行。（　　）
5. 商业银行是吸收存款、发放贷款、办理结算的机构。（　　）

四、名词解释

1. 金融机构
2. 商业银行
3. 保险公司
4. 政策性银行

五、简答题

1. 简述金融机构的作用。
2. 简述政策性金融机构与非政策性金融机构的含义。
3. 我国当前金融体系的构成是什么？并分别说明其含义。
4. 全球性金融机构有哪些？试分别作出说明。

第六章　中央银行

本章基本内容框架

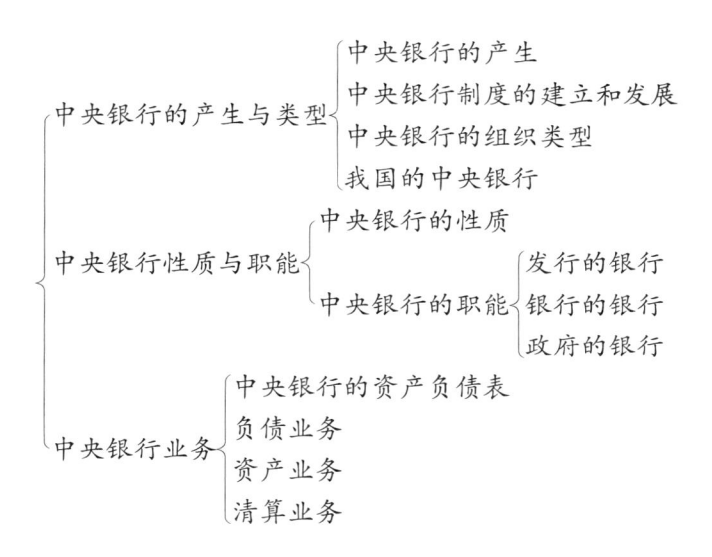

$$
\begin{cases}
\text{中央银行的产生与类型} \begin{cases} \text{中央银行的产生} \\ \text{中央银行制度的建立和发展} \\ \text{中央银行的组织类型} \\ \text{我国的中央银行} \end{cases} \\
\text{中央银行性质与职能} \begin{cases} \text{中央银行的性质} \\ \text{中央银行的职能} \begin{cases} \text{发行的银行} \\ \text{银行的银行} \\ \text{政府的银行} \end{cases} \end{cases} \\
\text{中央银行业务} \begin{cases} \text{中央银行的资产负债表} \\ \text{负债业务} \\ \text{资产业务} \\ \text{清算业务} \end{cases}
\end{cases}
$$

重点、难点讲解及典型例题

一、中央银行的产生与类型

中央银行的产生是为了统一货币发行、解决政府融资、保证银行支付、建立票据清算中心和统一金融监管的需要,英国英格兰银行的成立是现代中央银行形成的标志。

中央银行组织制度类型可分为:①单一的中央银行制度,包括一元式中央银行制度和二元式中央银行制度。一元式中央银行制度是指在一个国家内只建立一家统一的中央银行。目前,世界上绝大部分国家都实行这种制度,包括我国的中国人民银行制度。二元式中央银行制度是指一国在中央设立一个一级中央银行机构,并在地方设立若干个二级中央银行机构的制度,应用这种制度类型的国家有美国、德国等。②跨国的中央银行制度,是指参与货币联盟的所有成员国家共同建立一个跨国的、区域性的中央银行,各成员国内部不再设完全意义上的中央银行。1998年7月成立的欧洲中央银行就属于典型的跨国中央银行制度。③准中央银行制度,又称类似中央银行制度,是指一国或地区并没有设立完全意义上的中央银行,而是由几个政府机构,或者是由受政府委托的商业银行代行部分中央银行职能。新加坡、中国香港地区都应用这种制度。

【例题 1·单项选择题】 一般认为,世界中央银行的鼻祖是( )。
A. 瑞典银行　　　　　　　　　　　　B. 英格兰银行
C. 法兰西银行　　　　　　　　　　　D. 德国国家银行
【答案】 B
【解析】 瑞典银行被公认为是历史上最早形成的中央银行,然而它未能成为现代银行的鼻祖。英格兰银行成立晚于瑞典银行,但却是最早全面行使中央银行职能的银行,被称为是世界中央银行的鼻祖。

【例题 2·多项选择题】 中央银行产生的客观原因(必要性)有( )。
A. 垄断货币发行　　　　　　　　　　B. 为政府融资
C. 充当最后贷款人　　　　　　　　　D. 组织票据交换和清算
E. 统一的金融监管
【答案】 ABCDE
【解析】 中央银行产生晚于商业银行,中央银行是社会经济及商业银行发展到一定阶段的产物。中央银行的产生,主要有以下原因:统一货币的发行;解决政府资金短缺问题;给发生困难的银行机构提供贷款,充当最后贷款人;组织全国的票据交换和清算,清偿银行间债权债务关系,利于经济运行;出于金融监管的需要,须有专门的机构专司其职。因此 ABCDE 都可以选。

二、中央银行性质和职能

中央银行是垄断货币发行,代表政府制定和实施货币政策、进行金融监管,调节宏观经济运行的宏观管理部门,同时也是为商业银行等普通金融机构和政府提供金融服务的特殊金融机构。其特殊性表现在地位的特殊性、业务的特殊性和管理的特殊性三个方面。

中央银行职能的一般表述:中央银行是发行的银行、银行的银行和政府的银行。发行的银行是指国家赋予中央银行集中与垄断货币发行的特权,是国家唯一的现钞货币发行机构。银行的银行这一职能体现在中央银行为商业银行集中存款准备金、充当"最后贷款人"并组织、参与和管理全国的清算。政府的银行是指中央银行代表政府贯彻执行财政金融政策,代理国库收支以及为国家提供各种金融服务。

【例题 3·单项选择题】 中央银行的业务对象是( )。
A. 个人和企业　　　　　　　　　　　B. 金融机构与工商企业
C. 政府与金融机构　　　　　　　　　D. 政府与工商企业
【答案】 C
【解析】 中央银行是作为一国金融体系的核心和领导者,属于不以营利为目的的国家机关,其业务对象是政府和金融机构,不面向普通的工商企业和个人开办业务。

【例题 4·单项选择题】 中国人民银行的职责不包括( )。
A. 保持币值稳定　　　　　　　　　　B. 发行人民币
C. 监管金融市场　　　　　　　　　　D. 为企业提供资金支持
【答案】 D

【解析】 发行人民币、保持币值稳定和监管金融市场都属于中国人民银行的职责,但人民银行不面向个人和工商企业开办业务,所以不会为企业提供资金支持,为企业提供资金支持是商业银行的职责。

【例题5·单项选择题】 下列被称为"最后贷款人"的机构是( )。
A. 商业银行　　　　　　　　　　B. 投资银行
C. 政策性银行　　　　　　　　　D. 中央银行
【答案】 D
【解析】 中央银行的三大职能之一是作为银行的银行,为商业银行提供贷款、集中存款准备金和组织全国商业银行间的清算业务。其中中央银行为商业银行提供贷款体现了其"最后贷款人"的角色。

【例题6·多项选择题】 中央银行为政府服务的职能表现在( )等方面。
A. 代表政府发行货币　　　　　　B. 临时的财政垫支
C. 充当政府的金融顾问和参谋　　D. 经理国库
E. 代表政府参与国际金融活动
【答案】 BCDE
【解析】 中央银行作为政府的银行,其职能具体体现在:代理国库;代理政府债券的发行;为政府融通资金,提供特定信贷支持;保管和经营管理一国的外汇储备和黄金储备;代表国家政府参加国际金融组织和各项国际金融活动;制定和实施货币政策;对金融业和金融市场实施金融监督管理,维护金融稳定;为政府提供经济金融情报和决策建议,向社会公众发布经济金融信息。A是发行的银行的表现,所以选BCDE。

三、中央银行业务

中央银行的业务主要分为三大类:负债业务、资产业务和清算业务。

中央银行的负债业务是指金融机构、政府、个人和其他部门持有的对中央银行的债权,主要包括货币发行业务、存款业务和其他负债业务。

中央银行的资产业务是指中央银行通过对银行资产的处理,以履行中央银行的职能,主要包括再贴现业务和贷款业务、证券买卖业务、国际储备业务及其他一些资产业务。

中央银行的清算业务是指中央银行作为一国支付清算体系的参与者和管理者,通过一定的方式、途径,使金融机构之间的债权债务清偿及资金转移顺利完成并维护支付系统的平稳运行,从而保证经济活动和社会生活的正常运行。

【例题7·多项选择题】 中央银行证券买卖业务的主要对象有( )。
A. 国债　　　　　　　　　　　　B. 金融债券
C. 公司债券　　　　　　　　　　D. 股票
【答案】 AB
【解析】 中央银行持有的证券一般都是信用等级比较高的政府债券和金融债券。中央银行持有证券和从事公开市场业务的目的不是营利,而是通过证券买卖对货币供应量进行调节。

【例题8·多项选择题】 下列属于中央银行负债的有( )。

A. 外汇、黄金储备 B. 流通中通货
C. 商业银行等金融机构存款 D. 国库及公共机构存款

【答案】 BCD

【解析】 形成中央银行资金来源的业务都是中央银行的负债业务,主要包括货币发行业务、各种存款业务及其他负债业务。本题中的外汇、黄金储备属于中央银行的资产业务而不是负债业务。

【例题9·多项选择题】 下列属于中央银行资产业务的有( )。

A. 货币发行 B. 再贷款和再贴现
C. 金银储备 D. 外汇储备
E. 经理国库

【答案】 BCD

【解析】 中央银行的资产业务是指中央银行通过对银行资产的处理,以履行中央银行的职能。具体包括:再贴现及再贷款、证券买卖、黄金和外汇储备和其他资产业务。本题中的发行货币和经理国库业务都属于其负债业务而不是资产业务。

思考与练习

一、单项选择题

1. 我国的中央银行是( )。

   A. 中国银行 B. 中国工商银行
   C. 中国人民银行 D. 中国建设银行

2. 中央银行的经营目的是( )。

   A. 营利
   B. 调节经济,实现经济发展目标
   C. 与商业银行平等竞争
   D. 提高在国际上的地位和影响

3. 世界上大部分中央银行都采用( )。

   A. 一元制 B. 二元制
   C. 跨国制 D. 准中央银行制

4. 我国香港地区的中央银行制度属于( )。

   A. 单一的中央银行制度 B. 复合中央银行制度
   C. 跨国的中央银行制度 D. 准中央银行制度

5. 中央银行向商业银行进行的直接信用放款叫( )。

   A. 贴现 B. 贷款
   C. 再贴现 D. 再贷款

6. 以下业务中不是中国人民银行业务的是( )。

A. 代理国债的发行 B. 办理再贴现、再抵押
C. 代理国库 D. 向企业发放贷款

7. 下列属于中央银行资产的是（   ）。
A. 流通中的货币 B. 政府和公共机构存款
C. 商业银行等金融机构存款 D. 购买的政府债券

8. 下列不属于中央银行金融服务业务的是（   ）。
A. 征信业务 B. 金融统计业务
C. 支付清算业务 D. 再贴现业务

9. 中央银行的活动特点不包括（   ）。
A. 不以营利为目的 B. 以政府利益为出发点
C. 不经营普通银行业务 D. 独享货币发行权

10. 垄断货币发行权是中央银行作为（   ）职能的体现。
A. 发行的银行 B. 银行的银行
C. 国家的银行 D. 监管的银行

二、多项选择题

1. 中央银行的资产类业务主要包括（   ）。
A. 对商业银行的贴现放款 B. 对政府的存款业务
C. 证券买卖业务 D. 黄金、外汇储备业务

2. （   ）属于中央银行的负债业务。
A. 发行货币
B. 商业银行在中央银行的法定准备金存款
C. 证券买卖业务
D. 异地资金转移

3. 中央银行在现代经济中发挥着多方面的重要作用，从职能看，中央银行的作用主要表现在（   ）。
A. 监管的银行 B. 国家的银行
C. 发行的银行 D. 银行的银行

4. 中央银行作为"银行的银行"，其职能具体表现在（   ）。
A. 集中存款准备 B. 最终的贷款人
C. 购买国家公债 D. 组织全国的清算

5. 中央银行成为最后贷款人是为了防止（   ）。
A. 银行的进一步发展出现资金障碍
B. 银行出现流动性危机
C. 银行滥发贷款
D. 挤兑形成的恐慌心理最终导致金融体系的危机

三、判断题

1. 金融机构中,处于核心地位的是商业银行。　　　　　　　　　　（　）
2. 中央银行独占货币发行权是中央银行区别于商业银行的主要标志。（　）
3. 中央银行作为最后的贷款人是充当国家的银行的体现。　　　　　（　）
4. 中国人民银行虽然直接受国务院领导,但仍然有一定的独立性。　（　）
5. 中央银行的清算业务源于其作为政府的银行的职能。　　　　　　（　）

四、名词解释

1. 中央银行
2. 中央银行的相对独立性
3. 跨国的中央银行制度
4. 再贴现

五、简答题

1. 怎样理解中央银行的职能?
2. 列出中央银行业务的基本经营原则。
3. 什么是中央银行的独立性?为什么央行要保持独立性?
4. 中央银行有什么重要地位?其职能银行的银行是如何体现的?
5. 中央银行与商业银行相比,主要有哪些不同?

第七章 商业银行

本章基本内容框架

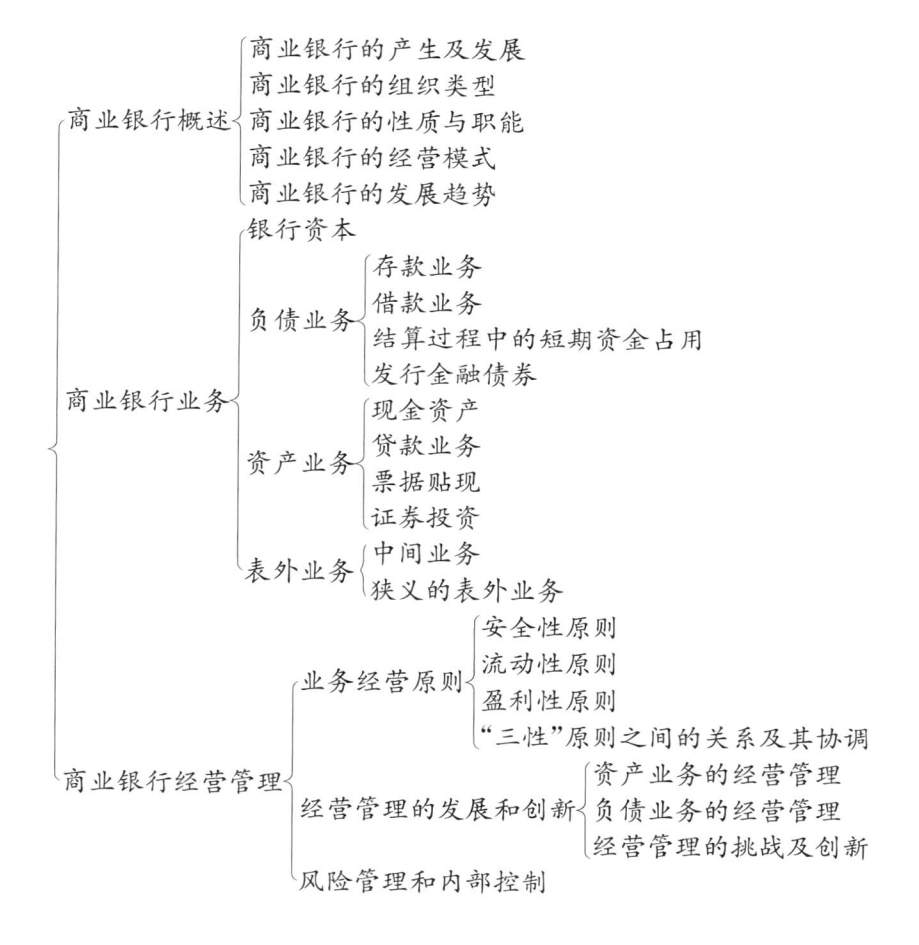

- 商业银行概述
  - 商业银行的产生及发展
  - 商业银行的组织类型
  - 商业银行的性质与职能
  - 商业银行的经营模式
  - 商业银行的发展趋势
- 商业银行业务
  - 银行资本
  - 负债业务
    - 存款业务
    - 借款业务
    - 结算过程中的短期资金占用
    - 发行金融债券
  - 资产业务
    - 现金资产
    - 贷款业务
    - 票据贴现
    - 证券投资
  - 表外业务
    - 中间业务
    - 狭义的表外业务
- 商业银行经营管理
  - 业务经营原则
    - 安全性原则
    - 流动性原则
    - 盈利性原则
    - "三性"原则之间的关系及其协调
  - 经营管理的发展和创新
    - 资产业务的经营管理
    - 负债业务的经营管理
    - 经营管理的挑战及创新
  - 风险管理和内部控制

重点、难点讲解及典型例题

一、商业银行性质与职能

商业银行是以追求利润最大化为经营目标,以货币信用业务和综合金融服务为经营对象的综合性多功能的金融企业。商业银行是企业,以营利为目的;商业银行是特殊的企业,经营的商品是货币;商业银行是特殊的金融企业,是银行机构,受国家金融政策、金融

43

市场运行的影响,并接受国家金融监管机构的监督。

商业银行的职能主要是信用中介、支付中介、信用创造、金融服务和经济调控。

【例题1·单项选择题】 商业银行的性质主要归纳为以(　　)为目标。

A. 追求最大贷款额　　　　　　　　B. 追求最大利润

C. 追求最大资产　　　　　　　　　D. 追求最大存款

【答案】　B

【解析】　商业银行是企业,是以追求利润最大化为目标,贷款额、存款和资产达到最大并不意味着其利润达到最大。

【例题2·多项选择题】 商业银行的主要职能包括(　　)。

A. 信用中介职能　　　　　　　　　B. 支付中介职能

C. 信用创造职能　　　　　　　　　D. 金融服务职能

【答案】　ABCD

【解析】　信用中介是商业银行最基本的职能,支付中介是商业银行最早最原始的职能,信用创造是商业银行最独特的功能,金融服务也是商业银行非常重要的职能;此外,调控经济也是其职能之一。

二、商业银行业务

商业银行的业务主要分为三大类:负债业务、资产业务和表外业务。

负债业务是形成商业银行资金来源的业务,包括自有资本和外来资金两大部分。自有资本主要指其发行股票所筹集的股份资本以及留存收益等。外来资金是其主要的资金来源,外来资金主要包括吸收存款、向央行、其他银行及货币市场等的借入款以及发行金融债券融资等。

资产业务是指商业银行将负债业务筹集起来的资金加以运用的业务,它是商业银行取得收益的主要途径。商业银行的资产业务主要包括现金资产、贷款业务、贴现业务和证券投资业务。

广义上的表外业务是指不构成商业银行表内资产、表内负债,形成银行非利息收入的业务。它可以分为两大类:中间业务和狭义的表外业务。中间业务是指商业银行不需要运用自己的资金而代理客户承办相关事项,并据以收取手续费的业务,如汇兑业务、代理业务、银行卡业务等。狭义的表外业务指那些虽未列入资产负债表,但同表内资产业务和负债业务关系密切,并在一定条件下会转为表内资产业务和负债业务的经营活动,通常把这些经营活动称为或有资产和或有负债。如贷款承诺、担保、金融衍生工具、投资银行业务等。

【例题3·单项选择题】 商业银行最主要的负债业务是(　　)。

A. 贷款　　　　　B. 资本金　　　　　C. 同业拆借　　　　　D. 吸收存款

【答案】　D

【解析】　形成商业银行资金来源的业务都是商业银行的负债业务,包括自有资本和外来资金。其中外来资金包括吸收存款、借入款和发行金融债券。在所有的负债业务中,吸收存款是最主要的负债业务,在商业银行所有负债业务中占比最高,是商业银行资金的主要来源。

【例题 4·多项选择题】 属于商业银行资产业务的有（　　）。

A. 贴现　　　　　　　　　　　　B. 贷款

C. 证券投资　　　　　　　　　　D. 发行金融债券

【答案】 ABC

【解析】 商业银行的资产业务是指运用资金的业务，是商业银行取得利润来源的主要途径，商业银行的资产业务主要包括现金资产、贷款业务、贴现业务和证券投资业务。本题中的发行金融债券属于商业银行的负债业务而不是资产业务。所以选 ABC。

【例题 5·多项选择题】 以下属于商业银行中间业务的有（　　）。

A. 银行卡业务　　　　　　　　　B. 抵押贷款

C. 基金托管　　　　　　　　　　D. 代发工资

【答案】 ACD

【解析】 中间业务是指商业银行不需要运用自己的资金而代理客户承办相关事项，并据以收取手续费的业务。本题中银行卡业务、基金托管和代发工资都属于中间业务，而抵押贷款属于资产业务。

【例题 6·多项选择题】 一般来说，商业银行证券投资业务，常见的投资对象包括（　　）。

A. 政府债券　　　　　　　　　　B. 金融债券

C. 公司债券　　　　　　　　　　D. 股票

E. 中央银行票据

【答案】 ABCE

【解析】 理论上，所有合法的有价证券如股票、债券，都可作为商业银行投资的对象。但是实践中，商业银行投资证券的范围要受本国监管当局的限定。一般各国都会禁止或限制投资股票，包括我国《中华人民共和国商业银行法》对于商业银行购买有价证券都有明确规定，商业银行不得从事股票投资和信托业务。商业银行主要购买的债券包括信用可靠、风险小、流动性强的政府债券、金融债券、央行票据，也包括部分风险相对高点的大公司发行的公司债券等，不允许购买股票、从事信托等高风险业务。所以选 ABCE。

三、商业银行经营管理

商业银行经营都应遵循盈利性、流动性和安全性的原则。商业银行的"三性"原则既统一，又矛盾。安全性与流动性正相关，与盈利性负相关。因此银行必须从现实出发，在安全性、流动性和盈利性之间寻求最佳统一和均衡。

商业银行的经营管理的主要内容包括资产业务管理、负债业务管理及其综合管理，并且随着商业银行业务的繁杂和金融市场的发展，金融管理需要创新和发展。现在，商业银行的风险管理和内部控制已经成为其经营管理的核心。

【例题 7·多项选择题】 商业银行必须按照（　　）原则，合理吸收和配置资金使用，形成合理的资产结构。

A. 盈利性 B. 安全性
C. 流动性 D. 规模性

【答案】 ABC

【解析】 商业银行经营的三性原则是盈利性、安全性和流动性。其中安全性是前提和基础,流动性是保证,盈利性是目的。

【例题8·单项选择题】 由于金融机构的交易系统不完善、管理失误、控制缺失、诈骗或其他一些人为错误而导致的潜在损失是指( )。

A. 国家风险 B. 利率风险
C. 操作风险 D. 流动性风险

【答案】 C

【解析】 商业银行经营过程面临着市场风险、信用风险、操作风险、流动性风险、国家经济政策风险、法律风险等一系列风险,其中操作风险就是指由于内部程序、人员、系统不充足或者运行失当,以及因为外部事件的冲击等导致直接或间接损失的可能性的风险。

思考与练习

一、单项选择题

1. 商业银行在中央银行的准备金,属于商业银行的( )。
   A. 负债　　　B. 资本金　　　C. 资产　　　D. 表外资产

2. 活期存款又被称为( )。
   A. 支票存款 B. 存折存款
   C. 汇票存款 D. 本票存款

3. 商业银行利用吸收的存款发放贷款,在支票流通与转账的基础上,贷款又转化为派生存款,增加资金来源,这体现其( )。
   A. 信用中介职能 B. 支付中介职能
   C. 信用创造职能 D. 金融服务职能

4. 商业银行的贴现业务属于其( )。
   A. 资产业务 B. 负债业务
   C. 中间业务 D. 表外业务

5. 我国商业银行的组织形式属于( )。
   A. 单一银行制 B. 总分行制
   C. 持股公司制 D. 连锁银行制

6. 在银行存储时间长、支取频率小、具有投资性质并且是银行最稳定的外界资金来源的存款是( )。
   A. 活期存款　　B. 储蓄存款　　C. 支票存款　　D. 定期存款

7. 如果借款人的还款能力出现了明显的问题,依靠其正常经营收入已经无法保证足额偿还本息,那么该笔贷款属于五级分类法中的( )。

A. 关注 B. 次级
C. 可疑 D. 损失

8. 商业银行最主要的资金来源是（　　）。
A. 自有资本 B. 存款
C. 向外借款 D. 其他负债

9. 商业银行资产中，流动性最强的是（　　）。
A. 票据贴现 B. 活期存款
C. 贷款 D. 现金资产

10. 你认为商业银行经营中，（　　）的风险属于信用风险。
A. 由于利率、汇率价格变动引起
B. 借款人到期无力偿还
C. 银行内部工作人员携款而逃
D. 国家经济金融政策的变动和调整

二、多项选择题

1. 商业银行的借入款主要包括（　　）。
A. 吸收存款 B. 回购协议 C. 同业拆借 D. 向央行借款

2. 按期限长短，贷款可分为（　　）。
A. 信用贷款 B. 长期贷款
C. 短期贷款 D. 中期贷款

3. 通常所说的不良贷款，是指（　　）。
A. 关注贷款 B. 次级贷款
C. 可疑贷款 D. 损失贷款

4. 商业银行向中央银行借款的途径主要有（　　）。
A. 直接借款 B. 提取存款准备金
C. 再贷款 D. 再贴现

5. 属于商业银行负债业务的是（　　）。
A. 存款 B. 贷款
C. 从中央银行借款 D. 银行同业拆借

三、判断题

1. 目前我国银行的存贷款利率是由商业银行自己决定的。（　　）
2. 商业银行是以营利为目的的特殊的金融企业。（　　）
3. 商业银行为了资金的安全，贷款发放都应以短期贷款为主。（　　）
4. 商业银行可以从中央银行借款用于发放贷款。（　　）
5. 我国金融业属于分业经营的模式，所以商业银行不允许代理保险业务。（　　）

四、名词解释
1. 商业银行
2. 总分行制
3. 中间业务
4. 票据贴现

五、计算题
某银行承兑汇票面额为 50 000 元,某人于 2015 年 5 月 1 日向银行申请贴现,汇票还有 72 天到期。假设年贴现率为 6%。请问:银行最终给顾客多少现款?

六、简答题
1. 怎样理解商业银行的职能?
2. 简述商业银行的性质,并说出商业银行的资金来源。
3. 什么是商业银行中间业务?商业银行为什么要开展中间业务?
4. 如何理解商业银行的经营原则?
5. 如何理解商业银行风险管理的意义和内容?

第八章　非存款类金融机构

本章基本内容框架

- 非存款类金融机构概述
  - 种类
  - 运作特点
- 保险经营金融机构
  - 保险公司
  - 保险中介机构
- 证券经营与投资金融机构
  - 证券公司
  - 证券登记结算机构
  - 投资基金管理公司
- 其他非存款类金融机构
  - 信托投资公司
  - 金融租赁公司
  - 金融资产管理公司
  - 财务公司
  - 典当行
  - 消费金融公司
  - 小额贷款公司
  - 金融控股公司

重点、难点讲解及典型例题

一、保险公司

保险公司是收取保费并承担风险补偿责任，拥有专业化风险管理技术的金融机构。各类保险公司构成了保障类金融机构的主体。依据不同的划分标准，保险公司可以划分为不同的类型，如表 8-1 所示。

表 8-1　保险公司的类型

分类标准	保险公司种类
保险的基本业务	人寿保险公司、财产保险公司、再保险公司
保险的经营目的	商业性保险、政策性保险
保险的经营方式	互助保险、行业自保、机构承保

【例题 1·多项选择题】 保险的基本职能有( )。
A. 分红获利　　　　　　　　　　B. 经济救济
C. 分散风险　　　　　　　　　　D. 补偿损失
【答案】 CD
【解析】 保险的基本职能包括分散风险、补偿损失,这两大基本职能相辅相成,缺一不可。只有分散风险,分摊损失,保险才能进行经济补偿。所以选 CD。

【例题 2·多项选择题】 保险公司的主要业务包括( )。
A. 专家投资,集合理财　　　　　B. 出售保单,收取保费
C. 受人之托,代人理财　　　　　D. 给付赔偿款
【答案】 BD
【解析】 保险公司是经营风险的金融机构,以销售保险产品,提供保障服务为主营业务投保人需要交保险费,当发生保险事故时,需要给付赔偿款。所以选 BD。

二、证券公司

证券公司是专门从事证券业务的金融机构。随着 20 世纪以来金融创新的推进,证券行业成为变化最快、最富挑战性的行业之一。在我国,证券公司作为独立的非存款类金融机构,在业务上与欧美的投资银行基本无异,既经营零售业务也经营批发业务,但与欧美的投资银行存在差距。

证券公司在现代社会经济发展中发挥着沟通资金供求、构造证券市场、推动企业并购、促进企业集中和规模经济形成、优化资源配置等作用。作为资金需求者和资金供给者相互结合的中介,证券公司以最低成本实现资金所有权和经营权的分离,为经济增长注入资本,为经济结构调整配置或转移资本。

证券公司的主要业务包括以下几方面。

1. 证券承销业务

证券公司借助自己在证券市场上的信誉和营业网点,在规定的发行有效期内将证券销售出去,这个过程就是承销。承销是证券公司最基本的业务之一,也是证券公司利润的主要来源,通过承销可以收取承销费。

2. 证券经纪业务

证券经纪业务是指证券公司接受客户委托,按照客户要求,代理客户买卖证券的业务,在证券经纪业务中,证券公司不向客户垫付资金,不分享客户买卖证券的差价,不承担客户价格风险,只收取一定比例的佣金。

3. 证券自营业务

证券自营业务是指证券公司用自有资金或证券,以营利为目的,通过证券市场买卖证券的经营行为。证券买卖的差价即为证券公司的收入。

4. 其他业务

其他业务是指证券公司开展企业并购、项目融资、风险投资、公司理财、资产管理、基金管理、资产证券化等市场活动,充当客户的投资顾问、财务顾问、金融顾问,为客户的融

资、财务管理、投资选择、公司并购提供服务,从中也开辟新的利润增长点。

【例题 3·多项选择题】 下列属于证券公司在社会发展中所发挥的功能有( )。

A. 沟通资金供求
B. 促进规模经济形成
C. 通过手续费或佣金取得收入
D. 优化资源配置

【答案】 ABD

【解析】 证券公司在现代社会经济发展中发挥着沟通资金供求、构造证券市场、推动企业并购、促进企业集中和规模经济形成、优化资源配置等作用。所以选 ABD。

【例题 4·单项选择题】 证券公司一级市场上的主要收入来源是( )。

A. 自营业务收入
B. 股票分红
C. 手续费或佣金
D. 债券利息

【答案】 C

【解析】 现代证券公司是直接融资市场上重要的组织者和中介人,它们提供与资本市场有关的智力服务,为客户量身定做可供选择的证券投资、资产组合、公司并购等各种融资方案,具有较强的金融创新意识和金融研发能力,主要依靠信用、经验、客户网络等占领市场。证券公司一级市场上收入的主要来源是各种服务的手续费或佣金。所以选 C。

【例题 5·多项选择题】 下列属于证券公司基本业务的有( )。

A. 证券承销业务
B. 证券经纪业务
C. 证券自营业务
D. 企业并购

【答案】 ABC

【解析】 证券公司基本业务和传统业务包括证券承销业务、证券经纪业务、证券自营业务。随着市场需求的不断变化和金融市场的发展,证券公司越来越积极地参与企业并购、项目融资、风险投资、公司理财、资产管理、基金管理、资产证券化等市场活动。所以选 ABC。

三、投资基金管理公司

投资基金管理公司是专门为中小投资者服务的投资机构,它通过发售基金份额,将众多投资者的资金集中起来,形成独立财产,通过专家理财,按照科学的投资组合原理进行投资,与投资者利益共享、风险共担。投资基金管理公司的运作特点主要有以下几个方面。

1. 集合理财、专业管理

众多投资者的资金集中起来形成投资基金以后,委托基金管理人进行共同投资,表现出一种集合理财的特点,有利于发挥资金的规模优势,降低投资成本。投资基金管理公司一般拥有大量的专业投资研究人员和强大的信息网络,能够更好地对证券市场进行全方位的动态跟踪与深入分析,使中小投资者也能享受到专业化的投资管理服务。

2. 组合投资、分散风险

中小投资者资金量小,一般无法通过购买数量众多、品种各异的有价证券来分散投资风险,而投资基金管理公司集中了大量资金,通常会购买几十种甚至上百种股票,对于个别投资者来说,购买基金就相当于用很少的资金购买了一揽子股票,在多数情况下,某些股票下跌造成的损失可以用其他股票上涨的盈利来弥补,因此可以充分享受到组合投资、分散风险的好处。

3. 利益共享、风险共担

由于基金投资者是基金份额的所有者,基金投资收益在扣除由基金承担的费用后的盈余全部归基金投资者所有,并依据各投资者所持有的基金份额比例进行分配。投资基金管理公司和基金托管人只能按规定收取一定比例的管理费、托管费,并不参与基金收益的分配。

4. 严格监管、信息透明

为切实保护投资者的利益,增强投资者的信心,各国监管机构都对基金业实行严格的监管,对各种有损投资者利益的行为进行严格的打击,并强制投资基金管理公司进行及时、准确、充分的信息披露。

5. 独立托管、保障安全

投资基金管理公司负责基金的投资操作,本身并不参与基金财产的保管,基金财产的保管由独立于投资基金管理公司的基金托管人负责,这种相互制约、相互监督的制衡机制为投资者的利益提供了重要的保障。

【例题6·判断题】 投资基金管理公司的核心业务是基金投资。 （　　）

【答案】 对

【解析】 投资基金管理公司是专门为中小投资者服务的投资机构,它通过发售基金份额,将众多投资者的资金集中起来,形成独立财产,通过专家理财,按照科学的投资组合原理进行投资。所以正确。

【例题7·多项选择题】 投资基金管理公司的运作特点有（　　）。
A. 集合理财、专业管理　　　　　　　　B. 组合投资、分散风险
C. 利益共享、风险共担　　　　　　　　D. 严格监管、信息透明

【答案】 ABCD

【解析】 投资基金管理公司的运作特点是集合理财、专业管理,组合投资、分散风险,利益共享、风险共担,严格监管、信息透明,独立托管、保障安全。所以选 ABCD。

四、信托投资公司

信托投资公司是一种以受托人的身份,代人理财的金融机构。中国信托投资公司的主要业务有:经营资金和财产委托、代理资产保管、金融租赁、经济咨询、证券发行以及投资等。根据国务院关于进一步清理整顿金融性公司的要求,中国信托投资公司的业务范围主要限于信托、投资和其他代理业务,少数确属需要的经中国人民银行批准可以兼营租赁、证券业务和发行1年以内的专项信托受益债券,用于进行有特定对象的贷款和投资,但不准办理银行存款业务。信托业务一律采取委托人和受托人签订信托契约的方式进行,信托投资公司受托管理和运用信托资金、财产,只能收取手续费,费率由中国人民银行会同有关部门制定。

【例题8·单项选择题】 下列不属于信托投资公司业务范围的是（　　）。
A. 信托　　　　　B. 投资　　　　　C. 代理　　　　　D. 存款

【答案】 D

【解析】 中国信托投资公司的业务范围主要限于信托、投资和其他代理业务,不准办理银行存款业务。所以选D。

思考与练习

一、单项选择题

1. 下列不属于非存款类金融机构的是(　　)。
   A. 信托投资公司　　　　　　　　B. 投资银行
   C. 政策性银行　　　　　　　　　D. 证券公司

2. 不能向居民发放贷款的机构是(　　)。
   A. 中国建设银行　　　　　　　　B. 中国农业发展银行
   C. 农村信用合作社　　　　　　　D. 城市商业银行

3. 保险公司将其承保的业务的一部分或其全部给另外一个或几个保险公司承保,这种保险称为(　　)。
   A. 再保险　　　B. 重复保险　　　C. 共同保险　　　D. 原保险

4. 关于非银行金融机构的理解中,不正确的是(　　)。
   A. 非银行金融机构是金融机构体系中的重要组成部分
   B. 其发展状况是衡量一国金融体系是否成熟、完善的标志之一
   C. 以吸收存款为主要资金来源
   D. 以特殊方式吸收资金,并以特殊方式运用资金

5. 我国财务公司由(　　)进行监管。
   A. 证监会　　　　　　　　　　　B. 金融委
   C. 国家金融监督管理总局　　　　D. 国资委

6. 依据(　　),保险公司分为财产保险公司和人寿保险公司。
   A. 保险对象　　　B. 出资人　　　C. 经营方式　　　D. 业务内容

7. 证券公司是我国主要为投资者在金融市场上买卖证券提供服务的投资机构。其最本源、最基础的业务活动是(　　)。
   A. 代理发行证券　　　　　　　　B. 做市交易
   C. 代理证券交易　　　　　　　　D. 财务顾问

8. "受人之托,代人理财"是(　　)的基本特征。
   A. 代理　　　B. 委托　　　C. 信托　　　D. 委派

9. 证券市场上最重要的中介机构是(　　)。
   A. 证券公司　　　　　　　　　　B. 投资咨询公司
   C. 会计师事务所　　　　　　　　D. 资产评估公司

10. 我国由(　　)依法对证券公司的设立申请进行审查,决定是否批准设立。
    A. 证券交易所　　B. 证监会　　C. 中国人民银行　　D. 财政部

二、多项选择题

1. 非银行类金融机构主要包括（　　）。
   A. 开发银行　　　B. 保险公司　　　C. 投资基金　　　D. 信托公司
2. 证券公司的三类最主要业务包括（　　）。
   A. 代理发行证券　　　　　　　　　B. 代理证券交易业务
   C. 证券自营业务　　　　　　　　　D. 受理并购重组业务
3. 下列属于保险公司的业务的有（　　）。
   A. 资金运作　　　　　　　　　　　B. 发放贷款
   C. 出售保单，收取保费　　　　　　D. 给付赔偿款
4. 非银行金融机构与商业银行的不同之处在于（　　）。
   A. 资金来源的主要渠道不同　　　　B. 资金运用的主要形式不同
   C. 信用创造功能不同　　　　　　　D. 经营方式不同
5. 信托机构的业务包括（　　）。
   A. 资金信托业务　　　　　　　　　B. 不动产信托业务
   C. 投资基金业务　　　　　　　　　D. 吸收存款业务

三、判断题

1. 投资基金管理公司采取集合理财方式，提供专业化的投资管理服务。（　　）
2. 投资基金可以理解为一种金融组织，还可以理解为一种投资方式。（　　）
3. 投资银行被称为"银行"，因此也具有银行的一般特征。（　　）
4. 证券公司在一级市场上的业务主要是证券发行与承销。（　　）
5. 消费金融公司为居民提供以个人消费为目的的贷款。（　　）

四、名词解释

1. 证券经纪业务
2. 投资基金管理公司
3. 消费金融公司
4. 信托投资公司

五、简答题

1. 简述非存款类金融机构的特点。
2. 简述保险公司的作用。
3. 划分保险公司的依据有哪些？根据不同的类型试作简要说明。
4. 简述证券公司的主要业务。
5. 证券公司的含义是什么？有何特点？

第九章 金融市场

本章基本内容框架

- 金融市场概述
  - 金融市场含义及特征
  - 金融市场分类
  - 金融市场构成要素
  - 金融市场工具
  - 金融市场功能
  - 金融市场运作流程
- 货币市场
  - 货币市场特点及功能
  - 同业拆借市场
  - 回购市场
  - 国库券市场
  - 票据市场
  - 大额可转让定期存单市场
- 资本市场
  - 资本市场概述
  - 证券发行市场
  - 证券交易市场
  - 我国的多层次资本市场
- 金融衍生工具市场
  - 金融衍生工具含义及产生
  - 金融衍生工具种类及特征
  - 金融衍生工具市场功能
  - 金融衍生工具交易
- 保险市场
  - 风险与保险
  - 保险的基本原则
  - 保险合同
  - 保险业务种类
- 外汇市场
  - 外汇市场的含义及功能
  - 外汇市场参与者
  - 外汇市场交易

重点、难点讲解及典型例题

一、金融市场概述

金融市场是资金融通的市场，是指资金供给者和资金需求者双方通过信用工具进行交易而融通资金的市场。金融市场有广义和狭义之分。广义上，金融市场是指一切可实现资金余缺调剂活动的市场，是实现货币借贷和资金融通、办理各种票据和有价证券交易活动的市场；狭义上，金融市场专指有价证券市场。

金融市场分为货币市场、资本市场、金融衍生工具市场、保险市场和外汇市场等。

金融市场的构成要素分为参与者、交易对象、交易价格和金融交易组织的形式。

金融市场工具也有很多分类，包括：基础性金融工具和衍生性金融工具。前者主要分为股票(所有权工具的代表)、债券(债权工具的代表)、基金(间接投资工具)。后者主要包括远期、期货、期权、互换等。

金融市场功能包括资源配置与分配功能、价格发现功能、风险分散和规避功能、调节经济功能等。

金融市场的运作流程包括直接融资和间接融资。直接融资是指资金供求双方直接形成相应的债权债务关系或所有权关系的一种资金融通方式；间接融资指由金融中介机构作为中介人将资金从供给者提供给资金需求者的一种融资方式。需要注意的是：两者的区别主要在于资金供给者与资金需求者之间是否直接形成契约关系，而并非看是否通过中介机构。

【例题1·单项选择题】 一切可实现资金余缺调剂活动的市场被称为(　　)。

A. 经济市场　　　　　　　　　B. 金融市场

C. 资金市场　　　　　　　　　D. 货币市场

【答案】 B

【解析】 从广义上来讲，金融市场是指一切可实现资金余缺调剂活动的市场，是实现货币借贷和资金融通、办理各种票据和有价证券交易活动的市场。所以选B。

【例题2·单项选择题】 以下不属于直接融资形式的是(　　)。

A. 发行股票　　　B. 发行债券　　　C. 民间借贷　　　D. 银行贷款

【答案】 D

【解析】 直接融资是由资金供给者与需求者直接形成债权债务关系或所有权关系，而间接融资是通过中介机构，资金供给者、资金需求者分别与中介机构形成债权债务关系，只有D才符合间接融资特点。所以选D。

【例题3·多项选择题】 金融市场参与者中的资金需求者包括(　　)。

A. 企业　　　　　　　　　　　B. 政府及公共团体

C. 家庭或个人　　　　　　　　D. 金融机构

【答案】 ABCD

【解析】 金融市场参与者包括资金供给者和资金需求者，其中资金需求者包括企业、政府及公共团体、家庭或个人、金融机构。所以选ABCD。

二、货币市场

货币市场是指短期资金市场，是指融资期限在1年以下的金融市场，是金融市场的重要组成部分。

货币市场交易期限短，流动性强，交易目的是解决短期资金周转的需要。最短的交易期限只有半天,最长的不超过 1 年,大多在 3~6 个月。资金来源于暂时的闲置资金,资金去向一般用于弥补流动资金的临时不足。货币市场的交易活动所使用的金融工具期限短,具有较高的流动性和较强的货币性,价格相对平稳,风险较小。

货币市场中比较典型的有同业拆借市场,它是指银行与银行或其他金融机构之间为了解决临时性的资金短缺而相互借贷资金的活动的市场。

回购市场是指证券的出售者在出售证券等金融资产时与购买方签订协议,约定在一定期限后按约定价格购回所卖证券,以获得即时可用资金的活动所形成的市场。

国库券市场也称短期国债市场,是国库券发行和转让交易形成的市场。

票据主要指汇票、本票和支票。票据市场是指以票据作为交易对象,通过票据承兑、票据贴现、票据转让和票据抵押进行融资活动的货币市场。

大额可转让定期存单是指商业银行等金融机构发行的一种固定面额、固定期限、可以转让的定期储蓄,也作为一种投资工具在专门市场交易。

【例题 4 · 单项选择题】 在我国同业拆借拆入资金最长期限为 3 个月的金融机构,不包括( )。

A. 金融资产管理公司　　　　　　B. 金融租赁公司
C. 城市信用合作社　　　　　　　D. 汽车金融公司

【答案】 C

【解析】 同业拆借拆入资金最长期限为 3 个月的金融机构包括金融资产管理公司、金融租赁公司和汽车金融公司。所以选 C。

【例题 5 · 单项选择题】 回购市场的特点包括( )。

A. 参与者以金融机构为主　　　　B. 回购期限长
C. 回购流动性低　　　　　　　　D. 回购安全性较差

【答案】 A

【解析】 回购市场的特点包括以金融机构为主、回购期限短、流动性强和安全性高的特点,其中流动性强和安全性高的特点是都是因为期限短造成的。所以选 A。

【例题 6 · 多项选择题】 货币市场功能包括( )。

A. 短期资金融通功能
B. 管理功能
C. 政策传导功能
D. 促进资本市场尤其是证券市场发展的功能

【答案】 ABCD

【解析】 货币市场功能包括短期资金融通功能、管理功能、政策传导功能、促进资本市场尤其是证券市场发展的功能。所以选 ABCD。

三、资本市场

资本市场(亦称长期金融市场、长期资金市场)是指期限在 1 年以上的各种资金借贷和证券交易的场所。资本市场是政府、企业、个人筹措长期资金的市场,包括长期借贷市场和长期证券市场。在长期借贷市场中,一般是银行对个人提供的消费信贷;在长期证券市场主要是股票市场和长期债券市场。

资本市场有很多特点,如融资期限长、流动性相对较差、资本市场风险大而收益较高。

资本市场包括证券发行市场和证券交易市场。其中证券发行市场又被称为一级市场或初级市场,是发行人向投资者出售证券形成的市场。证券交易市场也称证券流通市场、二级市场、次级市场,是指对已经发行的证券进行买卖,转让和流通的市场。

证券的发行是有条件的,必须满足相应的条件才能发行股票或债券,同样满足一定条件才能上市。证券的发行方式有很多,公募和私募、直接发行与间接发行等。其中,间接发行是指委托中介机构发行,主要分为代销、包销、助销。

证券上市是指发行的证券在证券交易所登记注册,并能在证券交易所公开挂牌买卖。对于能上市的股票、债券等,在证券交易所交易,这属于场内交易;对于无法满足上市条件的,选择在场外进行,这属于场外交易,如柜台市场、无形市场等。

证券交易的方式有很多,其中的现货交易最常见、最基本。期货交易、期权交易属于衍生工具交易方式,是先签合约未来交割的交易方式。信用交易又称为保证金交易,产生杠杆效应。

我国资本市场是从20世纪90年代发展起来的,资本市场已由场内市场和场外市场两部分构成。其中场内市场的主板、创业板(俗称二板)、科创板、全国中小企业股份转让系统(俗称新三板)及区域性股权交易市场等共同组成了我国多层次的资本市场体系。

【例题7·判断题】 资本市场的交易对象是1年以上的长期证券。因为在长期金融活动中,涉及资金期限长、风险大,具有长期较稳定收入,类似于资本投入,故称为资本市场。
( )

【答案】 对

【解析】 资本市场融资期限长。资本市场的融资期限至少在1年以上,也可以长达几十年,甚至无到期日。所以题中的表述正确。

【例题8·单项选择题】 ( )又称保证金交易或垫头交易,是指证券交易的当事人在买卖证券时,只向证券公司交付一定的保证金,或者只向证券公司交付一定的证券,而由证券公司提供融资或者融券进行交易。

A. 现货交易 B. 期权交易
C. 期货交易 D. 信用交易

【答案】 D

【解析】 现货交易是指证券买卖双方在成交后1~3个营业日内办理交割手续,买入者付出资金并得到证券,卖出者交付证券并得到资金的交易。期货交易是相对于现货交易而言的。期权交易从本质上来讲是一种选择权交易,是指期权的买方向卖方支付一定数额的期权费后,有权在一定时间内以一定的价格(执行价格)出售或购买一定数量的标的物(实物商品、证券或期货合约)。信用交易又称保证金交易或垫头交易,是指证券交易的当事人在买卖证券时,只向证券公司交付一定的保证金,或者只向证券公司交付一定的证券,而由证券公司提供融资或者融券进行交易。所以选D。

【例题9·多项选择题】 下列关于证券发行方式的说法正确的有( )。

A. 公募发行是最常见、最主要的发行方式

B. 间接发行中,包销发行的风险对承销商是最大的

C. 私募发行的股票是可以上市交易的

D. 直接发行方式筹集资金多,成本低

【答案】 AB

【解析】 证券发行方式中,公募发行是最常见、最主要的方式,有的国家规定证券只能公募发行。间接发行分为代销、包销和助销。包销是先买后卖,对于承销商,风险最大。私募发行的股票是不允许上市的,直接发行的优点是方便、成本低,但是由于私募发行往往是直接发行,筹集的资金少。所以说法正确的只能是AB。

四、金融衍生工具市场

衍生工具是由另一种证券(股票、债券、货币或者商品)构成或衍生而来的交易。衍生工具包括远期、期货、互换和期权,以及具有远期、期货、互换和期权中一种或一种以上特征的工具。其中最重要的为金融期货合约和金融期权合约。

金融期货合约是指协议双方同意在约定的将来某个日期按约定的条件(包括价格、交割地点、交割方式)买入或卖出一定标准数量的某种金融工具的标准化协议。合约中规定的价格就是期货价格。

期权又称为选择权,是一种衍生性金融工具,是指买方向卖方支付期权费后拥有的在未来一段时间内或未来某一特定日期以事先约定好的价格(指履约价格)向卖方购买或出售一定数量的特定标的物的权利,但不负有必须买进或卖出的义务(即期权买方拥有选择是否行使买入或卖出的权利,而期权卖方都必须无条件服从买方的选择并履行成交时的允诺)。

【例题10·单项选择题】 在一定的基础性金融工具的基础上派生出来的金融工具,一般表现为一些合约,其价值由作为标的物的基础性金融工具的价格决定的金融工具称为( )。

A. 基础性金融工具   B. 金融衍生工具

C. 标的金融工具   D. 创新金融工具

【答案】 B

【解析】 金融衍生工具是在一定的基础性金融工具的基础上派生出来的金融工具,所以选B。

【例题11·多项选择题】 金融期货的特征分为( )。

A. 期货合约非标准化   B. 期货合约一般在交易所进行

C. 期货合约流动性较差   D. 期货合约有保证金制度

【答案】 BD

【解析】 金融期货合约特征包括标准化即期货合约在合约规模、交割日期、交割地点等都是标准化的,即在合约上有明确的规定,无须双方再商定;期货合约都在交易所进行,

交易双方不直接接触,而是各自跟交易所的清算部或专设的清算公司结算;期货合约流动性强。期货合约的买者或卖者可在交割日之前采取对冲交易以结束其期货头寸,而无须进行最后的实物交割;保证金制度,期货交易实行保证金交易。即期货交易中,买卖双方都必须在各自的经纪商开立保证金账户,存入一定比例的保证金;期货交易结算实行每日清算制度。所以选 BD。

【例题 12·多项选择题】 期权按照交割日期的不同划分,可以分为( )。

A. 欧式期权 B. 美式期权
C. 看涨或看跌期权 D. 百慕大期权

【答案】 ABD

【解析】 期权根据交割日期划分可以分为美式期权、欧式期权和百慕大期权,看涨期权和看跌期权是根据预期未来标的物的上涨或者下跌来划分的。所以选 ABD。

五、保险市场

保险是指投保人根据合同约定,向保险人支付保险费,保险人对于合同约定的可能发生的事故因其发生所造成的财产损失承担赔偿保险金责任。保险通常被用来集中保险费建立保险基金,用于补偿被保险人因自然灾害或意外事故所造成的损失,或对个人因死亡、伤残、疾病或者达到合同约定的年龄期限时,承担给付保险金责任的商业行为。

保险具有经济补偿、资金融通和社会管理功能,这三大功能是一个有机联系的整体。经济补偿功能是基本的功能,也是保险区别于其他行业的最鲜明的特征。资金融通功能是在经济补偿功能的基础上发展起来的。社会管理功能是保险业发展到一定程度并深入社会生活诸多层面之后产生的一项重要功能。

根据不同的分类方式,保险的种类包括人身保险和财产保险;原保险和再保险;社会保险、商业保险和政策性保险;自愿保险和强制保险。

保险的基本原则包括最大诚信原则、可保利益原则、损失补偿原则和近因原则。

保险合同的主体包括保险合同的当事人和保险合同的关系人。其中当事人包括保险人、投保人;关系人包括被保险人、受益人。

【例题 13·判断题】 保险人必须在保险事故发生导致保险标的遭受损失时根据保险责任的范围对受益人进行补偿,这属于损失补偿原则的内容。 ( )

【答案】 对

【解析】 损失补偿原则是指保险人必须在保险事故发生导致保险标的遭受损失时根据保险责任的范围对受益人进行补偿。所以是对的。

【例题 14·多项选择题】 保险的基本原则包括( )。

A. 最大诚信原则 B. 可保利益原则
C. 损失补偿原则 D. 近因原则

【答案】 ABCD

【解析】 最大诚信原则、可保利益原则、损失补偿原则、近因原则是保险的四大最基本原则。所以选 ABCD。

【例题 15·多项选择题】 保险合同的当事人包括（　　）。

A. 保险人　　　　B. 投保人　　　　C. 被保险人　　　　D. 受益人

【答案】　AB

【解析】　保险合同的当事人包括保险人和投保人。其中保险人又称承保人，是指与投保人订立保险合同，收取保险费，在保险事故发生或保险期满时承担损失赔偿或给付保险金责任的保险经营组织的人。投保人又称要保人，是指与保险人订立保险合同，并负有支付保险费义务的人。而被保险人和受益人属于保险合同的关系人。所以选 AB。

六、外汇市场

外汇市场是专门从事外汇交易的市场，是国际金融市场的重要组成部分。外汇市场包括外汇银行同业间的外汇买卖形成的外汇批发市场及外汇银行与客户之间开展外汇交易形成的外汇零售市场。这些外汇市场既可能在固定的交易场所形成有形市场，也会依靠电话线或互联网形成一个广阔的无形市场。

外汇市场为促进国际贸易的发展、国际投资和各种国际经济往来的实现提供了便利条件。它能够反映和调节外汇供求、实现国际购买力的转移，促进外汇资金融通，为套期保值和投机提供场所。

外汇市场主要由外汇银行、中央银行、外汇经纪商和外汇的实际供给者与需求者四部分组成。外汇市场交易主要有即期外汇交易、远期外汇交易、掉期交易、外汇期货交易及外汇期权交易。

【例题 16·单项选择题】 外汇市场交易中，能发挥套期保值及投机作用，且不利于自己时可以放弃交割的是（　　）。

A. 即期外汇交易　　　　　　　　　　B. 远期外汇交易

C. 外汇期货交易　　　　　　　　　　D. 外汇期权交易

【答案】　D

【解析】　外汇交易包括很多，除 A 项之外，其他三项都具有套期保值及投机功能。但是最终可以放弃交割的，只有期权交易。所以选 D。

思考与练习

一、单项选择题

1. 在金融远期合约中，交易双方约定的成交价格为（　　）。

A. 交割价格　　　B. 合约价格　　　C. 交易价格　　　D. 约定价格

2. （　　）也称证券流通市场、二级市场、次级市场，是指对已经发行的证券进行买卖、转让和流通的市场。

A. 证券交易市场　　　　　　　　　　B. 证券发行市场

C. 证券初级市场　　　　　　　　　　D. 证券一级市场

3. 连续竞价成交需按照一定的竞争规则进行,其核心内容是(　　)原则。
   A. 下单优先、时间优先　　　　　　　　B. 价格优先、下单优先
   C. 资金量优先、时间优先　　　　　　　D. 价格优先、时间优先
4. 在金融市场上,商业银行等金融机构经常用来管理利率风险的金融衍生工具为(　　)。
   A. 期货合约　　　　　　　　　　　　　B. 期权合约
   C. 远期利率协议　　　　　　　　　　　D. 远期外汇合约
5. 以下不属于证券市场中介机构的是(　　)。
   A. 证券投资咨询机构　　　　　　　　　B. 证券登记结算机构
   C. 证券业协会机构　　　　　　　　　　D. 财务顾问机构
6. 金融期货合约的交割方式为(　　)。
   A. 全部平仓　　　　　　　　　　　　　B. 大部分平仓
   C. 全部实物交割　　　　　　　　　　　D. 大部分实物交割
7. (　　)是商业银行在出售证券等金融资产时与购买方签订协议,约定在一定期限后按约定价格购回所卖证券,以获得即时可用资金的行为。
   A. 回购协议　　　　　　　　　　　　　B. 大额可转让定期存单
   C. 同业拆借协议　　　　　　　　　　　D. 短期国库券
8. (　　)是保险人在原保险合同的基础上,通过签订分保合同,将其所承保的部分风险和责任向其他保险人进行保险的行为。
   A. 人寿保险　　　　　　　　　　　　　B. 财产保险
   C. 社会保险　　　　　　　　　　　　　D. 再保险
9. 期权合约中买进期权,付出期权费的投资者是期权合约的(　　)。
   A. 卖方　　　　　　　　　　　　　　　B. 买方
   C. 买方或卖方　　　　　　　　　　　　D. 交易双方
10. 以下选项中,(　　)不是短期国债的特点。
    A. 风险低　　　　　　　　　　　　　　B. 流动性低
    C. 期限短　　　　　　　　　　　　　　D. 流动性高
11. 股票的买方或卖方通过交付一定数额的保证金,得到证券经纪人的信用而进行的股票买卖的交易称为(　　)。
    A. 现货交易　　　　　　　　　　　　　B. 期货交易
    C. 期权交易　　　　　　　　　　　　　D. 信用交易
12. 保险的(　　)是通过保险补偿或给付而实现的一种经济保障活动。
    A. 互助性　　　　　　　　　　　　　　B. 法律性
    C. 经济性　　　　　　　　　　　　　　D. 科学性
13. (　　)是由会员(经纪人或自营商)自愿组成的,不以营利为目的的组织。
    A. 公司制交易所　　　　　　　　　　　B. 会员制交易所
    C. 公司会员制交易所　　　　　　　　　D. 证券交易所
14. 外汇市场上最基本、最主要的交易方式是(　　)。

A. 掉期交易 B. 远期交易
C. 即期外汇交易 D. 外汇期货交易
15. 外汇市场上最主要的参与者是(   )。
A. 进出口商 B. 中央银行
C. 外汇经纪人 D. 商业银行

二、多项选择题

1. 金融衍生工具的特点有(   )。
   A. 构造简单 B. 高杠杆性
   C. 高风险性 D. 投机性强
2. 金融市场可以分为(   )形态。
   A. 货币市场 B. 资本市场
   C. 衍生工具市场 D. 保险市场
3. 大额可转让定期存单与定期存款的区别有(   )。
   A. 定期存款是记名不可转让的,大额可转让定期存单通常是不记名和可以转让的
   B. 定期存款金额不固定,大小不等,可能有零数,大额可转让定期存单金额则都是整数,按标准单位发行
   C. 定期存款的利率是固定的,一般到期才能提取本金
   D. 大额可转让定期存单比定期存款相对安全
4. 金融期货合约的主要特点为(   )。
   A. 在场外交易 B. 在交易所内交易
   C. 很强的流动性 D. 采取盯市原则
5. 金融期货市场的交易规则包括(   )。
   A. 实行当日无负债结算制度 B. 实行保证金制度
   C. 实行价格限制制度 D. 实行强行平仓制度
6. 资本市场中,证券的公开发行方式包括(   )。
   A. 包销 B. 代销
   C. 联合发行 D. 承包
7. 金融市场的主要交易工具包括(   )。
   A. 股票 B. 债券
   C. 证券投资基金 D. 公益基金
8. 货币市场的特点包括(   )。
   A. 交易期限短,流动性强,交易目的是解决短期资金周转的需要
   B. 参与者主要以机构为主
   C. 交易期限较长,交易的目的主要是套期保值
   D. 主要是无形市场
9. 金融期权按其权利性质划分,可以分为(   )。

A. 股票期权   B. 外汇期权
C. 看涨期权   D. 看跌期权
10. 保险的特征包括(　　)。
A. 互助性   B. 法律性
C. 经济性   D. 科学性

三、判断题

1. 根据风险的性质划分,可以把风险划分为纯粹风险和投机风险。（　）
2. 同业拆借市场利率是市场化的利率,通常被当作基准利率。（　）
3. 直接融资是资金供求双方不需要其他金融中介机构介入的一种资金融通方式,所以一定不会有中介机构的存在。（　）
4. 货币市场具有交易期限长、流动性差的特点。（　）
5. 证券投资者是指通过买入证券而进行投资的各类机构法人和自然人。（　）

四、名词解释

1. 股票
2. 回购协议
3. 金融期货合约
4. 证券上市
5. 同业拆借
6. 可保利益原则

五、简答题

1. 简单说明金融市场的特征。
2. 试论述货币市场的特点。
3. 股票和债券有何区别?
4. 简述金融衍生工具的分类。
5. 什么是直接融资? 直接融资主要有哪些形式?

第十章 货币需求与货币供给

本章基本内容框架

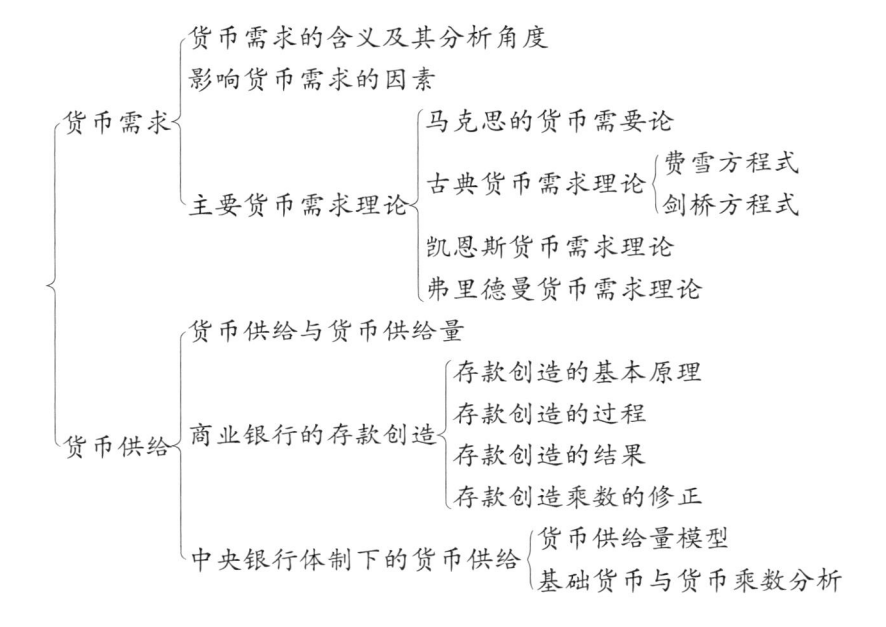

货币需求
- 货币需求的含义及其分析角度
- 影响货币需求的因素
- 主要货币需求理论
  - 马克思的货币需要论
  - 古典货币需求理论
    - 费雪方程式
    - 剑桥方程式
  - 凯恩斯货币需求理论
  - 弗里德曼货币需求理论

货币供给
- 货币供给与货币供给量
- 商业银行的存款创造
  - 存款创造的基本原理
  - 存款创造的过程
  - 存款创造的结果
  - 存款创造乘数的修正
- 中央银行体制下的货币供给
  - 货币供给量模型
  - 基础货币与货币乘数分析

重点、难点讲解及典型例题

一、货币需求的含义及分析角度

货币是交换媒介,是社会财富的一般代表,货币的这种独特职能使人们产生了对它的需求。货币需求(money demand)是指在社会各部门在一定的资源(如财富拥有额、收入、国民生产总值等)条件下,微观经济主体和宏观经济运行对执行交易媒介和资产职能的货币产生的总需求。但是对于货币需求要正确理解,货币需求是一种能力与愿望的统一。而且现实中的货币需求包括对现金和存款货币的需求。

对货币需求的理解,角度不同,理解就大相径庭。它主要有宏观货币需求和微观货币需求,有名义货币需求和实际货币需求。

【例题1·单项选择题】 现实中的货币需求不仅指对现金的需求,还包括对(　　)的需求。

A. 贷款　　　　　　　　　　　　B. 有价证券

C. 外汇　　　　　　　　　　　　D. 存款货币

【答案】　D

【解析】　货币的范围很宽,不仅指现金,而且还包括很多存款,如活期存款、定期存款、储蓄存款等。所以 D 正确。

【例题 2·单项选择题】　当强调货币是一种资产形式时,主要从(　　)对货币需求进行分析。

A. 宏观视角　　　　　　　　　　B. 微观视角

C. 国家视角　　　　　　　　　　D. 社会视角

【答案】　B

【解析】　货币是交换媒介,是社会财富的一般代表,货币的这种独特职能使人们产生了对它的需求。但当货币被当做资产看待,作为社会财富的一般代表时,主要是从微观视角出发,分析人们在什么样的动机下,愿意持有货币。所以选 B。

【例题 3·多项选择题】　货币总需求是对货币(　　)职能的需求总和。

A. 支付手段　　　　　　　　　　B. 交易媒介

C. 国际货币　　　　　　　　　　D. 贮藏手段

【答案】　BD

【解析】　在充当交换媒介时,货币与商品相对应。因此在一般情况下,一国经济体生产出多少商品,就需要相应数量的货币发挥媒介作用,这是实体经济运行对发挥交易媒介职能的货币产生的需求。同时,货币作为财富的一般代表,体现出货币的贮藏手段职能。人们愿意持有货币作为资产组合的一个组成部分。因此货币总需求是对这两类发挥不同职能货币的需求的总和。所以选择 BD。

【例题 4·多项选择题】　货币需求形成的两个基本条件是(　　)。

A. 收入或财富的存在

B. 必须有能力获得或持有货币

C. 人们对货币的需求是有限的

D. 必须愿意以货币形式保有其资产

【答案】　BD

【解析】　把需求看做是一种有支付能力的客观意愿,而不单纯是一种心理上的主观愿望,这是经济学的通义。货币需求以收入或财富的存在为前提,即在具备获得或持有货币的能力范围之内愿意持有的货币量。有能力和愿意持有货币,这也是货币需求形成的两个基本条件。所以选 BD。

二、影响货币需求的因素

货币需求是以货币形式持有财富的行为,而到底持有多少货币,会受到很多因素的影响,如收入水平、利率水平、价格水平、货币流通速度、信用发达程度、持币动机、心理偏好等。不同的因素对货币需求的影响不同,如收入水平与货币需求正相关,而利率水平与货币需求通常负相关。各因素与货币需求的关系的总结如表 10-1 所示。

表 10-1 各影响因素与货币需求关系

影响货币需求因素	该因素与货币需求的关系
收入水平及取得收入间隔时间	正相关
利率水平	负相关
价格水平	正相关
货币流通速度	负相关
信用发达程度	负相关
消费倾向	正相关

【例题 5·多项选择题】 关于影响我国货币需求的因素,说法正确的有(　　)。

A. 收入水平与货币需求正相关

B. 物价水平与货币需求一般负相关

C. 信用发达程度越高,货币需求越少

D. 其他金融资产收益率水平也会影响货币需求

【答案】 ACD

【解析】 货币需求会受到很多因素的影响,如收入水平、利率水平、价格水平、货币流通速度、信用发达程度等。一般而言,收入、物价与货币需求正相关,信用发达程度与货币需求负相关,其他金融资产收益率越高,会减少货币需求。因此选 ACD。

三、主要货币需求理论

主要货币需求理论主要有马克思的货币需求论,他提出的观点是货币必要量与待售商品价格总额成正比。古典学派以费雪、马歇尔、庇古等为代表,但他们的观点都不完全相同。费雪提出了著名的交易方程式 $MV=PT$,而以马歇尔、庇古、凯恩斯为代表的剑桥学派则提出了剑桥方程式 $M_d=kPY$。在此基础上,凯恩斯创立了"流动性偏好理论",并提出了货币需求函数为 $L=L_1(y)+L_2(r)$。而货币学派代表人物弗里德曼则提出了自己的货币需求函数 $\dfrac{M_d}{p}=f\left(y,w;r_m,r_b,r_e,\dfrac{1}{P}\cdot\dfrac{dP}{dt};u\right)$。在他们的研究中。影响货币需求的变量也主要是收入、利率、价格、货币流通速度、资产收益率等。

【例题 6·多项选择题】 弗里德曼认为,人们对货币的需求受到(　　)因素的影响。

A. 恒久性收入

B. 非人力财富所占财富的比重

C. 非货币资产预期变动率

D. 持有货币的机会成本

【答案】 ABCD

【解析】 弗里德曼的货币需求函数为:$\dfrac{M_d}{p}=f\left(y,w;r_m,r_b,r_e,\dfrac{1}{P}\cdot\dfrac{dP}{dt};u\right)$。从

该函数可以看到,ABCD 都是影响货币需求的因素。

【例题 7·多项选择题】 关于凯恩斯货币需求理论描述中,正确的有( )。

A. 收入与交易性货币需求同向变动

B. 利率水平与投机性货币需求反向变动

C. 在流动性陷阱区域利率将不再变动

D. 货币需求曲线向右上方倾斜

【答案】 ABC

【解析】 凯恩斯货币需求理论提出了三个交易动机:交易动机、预防动机、投机动机。其中,收入与交易动机、预防动机形成的交易性货币需求呈同向变动,利率与投机动机形成的投机性货币需求呈反向变动。货币需求函数为:$L=L_1(y)+L_2(r)$。货币需求曲线是右下方倾斜的曲线。但是在流动性陷阱区域,无论如何增加货币供给,都不会再变动。所以选 ABC。

四、商业银行的存款创造

商业银行能否创造派生存款是有条件的。目前各国商业银行采用的部分准备金制度和非现金结算制度构成商业银行创造信用的基础,也是商业银行存款创造的前提条件。整个原理是:商业银行在吸收原始存款的基础上,上交法定准备金后,通过贷款、贴现等业务,在转账的条件下,存款又变成了银行体系的存款,如此循环下去,整个银行体系的存款总额就会数倍扩大。商业银行存款总额最终扩大的倍数,称为存款派生倍数或存款乘数,与法定准备金率、超额准备金率、现金漏损率等有关。

【例题 8·多项选择题】 关于影响存款派生倍数 K 的因素,下列说法正确的有( )。

A. 超额存款准备金率与 K 反向变动

B. 法定存款准备金率与 K 反向变动

C. 原始存款增加额与 K 同向变动

D. 现金漏损率与 K 反向变动

【答案】 ABD

【解析】 存款创造的存款总额扩大的倍数是存款派生倍数,公式为:$K=\dfrac{1}{r_d+e+c+r_t\times t}$,可见超额准备金率、法定准备金率、现金漏损率都与 K 反向变动,与原始存款无关。所以选 ABD。

【例题 9·多项选择题】 以下关于存款创造的关系式表示正确的有( )。

A. $K=\dfrac{\Delta D}{\Delta R}$　　　　　　　　　　B. $\Delta D=\Delta R\cdot\dfrac{1}{r_d}$

C. $\dfrac{1}{r_d}=\dfrac{\Delta D}{\Delta R}$　　　　　　　　　　D. $K\cdot r_d=1$

【答案】 ABCD

【解析】 如果以 ΔD 表示包括原始存款在内的经过派生后的存款总额，ΔR 表示原始存款，r_d 表示法定存款准备金率，这三者之间的关系可以表示为：$\Delta D = \Delta R \cdot \dfrac{1}{r_d}$，该公式可以变化可得：$\dfrac{1}{r_d} = \dfrac{\Delta D}{\Delta R} = K$，而且 $K \cdot r_d = 1$。所以 ABCD 都正确。

五、中央银行体制下的货币供给

现代经济生活中的货币都是银行体系创造和提供的。存款货币创造机制中的原始存款，可以是来自客户的现金存入，也可以是来自中央银行对商业银行的贷款。另外，存款仅是货币的一部分，就整个货币数量而言，在一定基础货币的基础上，同样可以创造出数倍于基础货币的货币数量，这个倍数我们称为货币乘数。在基础货币一定的条件下，货币乘数决定了货币供给的总量。货币乘数越大，则货币供给量越多；反之，货币乘数越小，则货币供给量也就越少。所以，货币乘数是决定货币供给量的又一个重要的甚至是更为关键的因素。

我们设 Ms 为货币供给量，m 为货币乘数，B 为基础货币。那么，整个货币供给量模型可以表示为：

$$Ms = B \cdot m$$

其中 $B = C + R$，表现为中央银行的负债。而作为货币供给之源的基础货币，可以引出数倍于自身的货币供给量。货币供给量与基础货币之比即货币乘数。由于货币供给量可以划分为不同的层次 M_0，M_1，M_2 等，因此对应的货币乘数也不相同。

【例题 10·多项选择题】 在货币供给过程涉及的主体中，（　　）起决定性作用。

A. 中央银行

B. 商业银行

C. 存款人

D. 借款人

【答案】 AB

【解析】 货币供给中，涉及的主体有中央银行、商业银行、企业、社会公众等。他们的行为对货币供给都会产生影响，但是起决定作用的是央行和商业银行，央行创造基础货币，商业银行创造存款货币。所以选 AB。

【例题 11·单项选择题】 中央银行出售证券会引起基础货币（　　）。

A. 增加　　　　　　　　　　　B. 减少

C. 先增后减　　　　　　　　　D. 先减后增

【答案】 B

【解析】 中央银行出售证券属于公开市场业务，当央行出售证券时→商业银行准备金↓→基础货币↓→货币供给量↓，最终引起货币供给量减少。所以选 B。

思考与练习

一、单项选择题

1. 名义货币需求与实际货币需求的根本区别是（　　）。
   A. 名义货币需求是宏观视角，而实际货币需求是微观视角
   B. 名义货币需求是无限的，而实际货币需求是有限的
   C. 名义货币需求的范围大于实际货币需求的范围
   D. 实际货币需求剔除了物价变动的影响，而名义货币需求没有

2. 货币供给量与基础货币之比称为（　　）。
   A. 存款乘数　　　　　　　　　　B. 货币乘数
   C. 派生存款　　　　　　　　　　D. 原始存款

3. 下列各项中创造基础货币的是（　　）。
   A. 商业银行　　　　　　　　　　B. 政策性银行
   C. 投资银行　　　　　　　　　　D. 中央银行

4. 下列选项属于我国货币划分层次中第二层货币（M_1）的是（　　）。
   A. 定期存款　　　　　　　　　　B. 活期存款
   C. 储蓄存款　　　　　　　　　　D. 外汇存款

5. 如果原始存款 30 万元，派生存款 90 万元，则存款乘数 K 是（　　）。
   A. 2　　　　　　B. 3　　　　　　C. 4　　　　　　D. 5

6. 在存款总额一定的情况下，法定准备金率越高，商业银行用于贷款的份额（　　）。
   A. 越少　　　　　B. 越多　　　　　C. 不变　　　　　D. 为零

7. 在决定货币乘数的各变量中，由中央银行决定的变量是（　　）。
   A. 法定准备金率　　　　　　　　B. 超额准备率
   C. 通货比率　　　　　　　　　　D. 定期存款占活期存款的比率

8. 凯恩斯的货币需求理论区别于前人的显著特点是对（　　）的分析。
   A. 交易动机的货币需求　　　　　B. 预防动机的货币需求
   C. 投机动机货币需求　　　　　　D. 交易动机和预防动机货币需求

9. 弗里德曼货币需求函数中不视为机会成本变量的是（　　）。
   A. 恒久收入　　　　　　　　　　B. 固定收益的债券利率
   C. 预期物价变动率　　　　　　　D. 非固定收益的证券利率

10. 费雪仅着眼于货币的（　　）职能。
    A. 价值尺度　　　　　　　　　　B. 交易媒介
    C. 国际货币　　　　　　　　　　D. 贮藏职能

11. 假设某一时期 A 银行存款总额为 1 000 亿元，法定准备金率为 10%。而 A 银行持有的存款准备金为 150 亿元，则超额准备金是（　　）亿元。
    A. 100　　　　　B. 150　　　　　C. 250　　　　　D. 50

12. 通货-存款比率即现金漏损率,主要取决于( )的行为。
   A. 商业银行   B. 中央银行
   C. 居民和企业   D. 政府

二、多项选择题

1. ( )是古典学派货币需求理论中的两个著名的方程。
   A. 财富持有者的货币需求函数   B. 交易方程式
   C. 剑桥方程式   D. 货币必要量公式
2. 商业银行等金融机构在中央银行的准备金存款包括( )。
   A. 定额存款准备金   B. 任意存款准备金
   C. 超额存款准备金   D. 法定存款准备金
3. 在现代信用货币制度下,货币供给过程一般涉及的主体有( )。
   A. 中央银行   B. 商业银行
   C. 居民公众   D. 企业
4. ( )货币需求理论,强调微观主体的持币动机对货币需求的影响。
   A. 费雪方程式   B. 剑桥方程式
   C. 凯恩斯流动性偏好理论   D. 弗里德曼理论
5. 在剑桥方程式中,名义货币需求主要受( )因素影响。
   A. 货币流通速度
   B. 总收入
   C. 以货币形态保有的财富占总收入的比例
   D. 价格水平
6. 凯恩斯的货币需求函数式可以表示为( )。
   A. $L=L_1(y)+L_2(r)$ B. $L=L(y,r)$
   C. $L=L_1(y)-L_2(r)$ D. $L=ky+hr$

三、判断题

1. 基础货币直接表现为中央银行的负债。   (   )
2. 弗里德曼和费雪都特别强调利率对货币需求的影响作用。   (   )
3. 货币需求者更看重货币实际购买力的高低而非货币数量的多寡。   (   )
4. 中国人民银行在金融市场买入证券相当于投放货币。   (   )
5. 现金漏损率与货币乘数、存款乘数正相关。   (   )

四、名词解释

1. 货币需求
2. 货币供给
3. 派生存款

4. 流动性陷阱

5. 法定准备金

五、计算题

1. 如果原始存款的增加额为1 000万元,法定存款准备金率为20%,则派生的存款增加额为多少?

2. 如果原始存款的增加额为100万元,法定存款准备金率为20%,存款派生乘数为多少?若法定存款准备金率25%,存款乘数为多少?当法定存款准备金率从20%上升到25%时,存款总额变化了多少?

第十一章　通货膨胀与通货紧缩

本章基本内容框架

```
           ┌─ 通货膨胀的含义
           │  通货膨胀的衡量
           │  通货膨胀的类型
           │                  ┌ 直接原因：货币发行过多
           │                  │           ┌ 需求拉上型通货膨胀
           │  通货膨胀的原因 ─┤           │ 成本推动型通货膨胀
通货膨胀 ──┤                  │ 深层原因 ─┤ 供求混合型通货膨胀
           │                  │           │ 结构型通货膨胀
           │                  └           └ 预期和惯性
           │  通货膨胀的影响
           └─ 通货膨胀的治理

           ┌─ 通货紧缩的含义及衡量
           │  通货紧缩的原因
通货紧缩 ──┤  通货紧缩的社会经济效应
           │                  ┌ 增加货币供给
           └─ 通货紧缩的治理 ─┤ 扩大有效需求
                              └ 调整和改善供给结构
```

重点、难点讲解及典型例题

一、通货膨胀的含义

通货膨胀是指在信用货币制度下，流通中的货币数量超过经济实际需要而引起的货币贬值和物价水平全面而持续的上涨。当市场上货币流通量增加，人们的货币所得增加，购买力下降，导致物价上涨，造成通货膨胀。

【例题 1·单项选择题】 通货膨胀是指(　　)。
A. 某种商品的价格水平上升　　　　　　B. 某种商品的价格水平下降
C. 一般价格水平偶尔上升　　　　　　　D. 一般价格水平持续的上升
【答案】 D

【解析】 通货膨胀是一般物价水平普遍持续的上涨,不是指某种商品价格水平的上升,更不是某种商品价格水平的下降,AB 选项不符合题意,C 选项中价格水平偶尔上升是错误的,应是持续上涨。因此,D 选项正确。

【例题 2·多项选择题】 下列有关通货膨胀的描述正确的有( )。

A. 纸币流通条件下的经济现象 B. 货币流通量超过货币必要量

C. 物价普遍上涨 D. 货币贬值

E. 生产过剩

【答案】 ABCD

【解析】 生产过剩不会造成商品物价水平的上涨,而应该是物价水平的下降,不可称之为通货膨胀。故 E 选项错误。

二、通货膨胀的衡量

通货膨胀不是指某种商品及劳务的价格上涨,而是物价总水平的上升。物价总水平或一般物价水平是指所有商品和劳务交易价格总额的加权平均数,这个加权平均数就是价格指数。衡量通货膨胀的价格指数一般包含消费价格指数、生产者价格指数、零售价格指数、批发物价指数、GDP 平减指数等。

【例题 3·单项选择题】 我国目前主要是以( )反映通货膨胀的程度。

A. 居民消费价格指数 B. GDP 平减指数

C. 批发物价指数 D. GNP 平减指数

【答案】 A

【解析】 居民消费价格指数是反映与居民生活有关的商品及劳务价格统计出来的物价变动指标,与消费者有最直接的关系,也是消费者最能体会到的物价变动指标。而 GDP 平减指数、批发物价指数、GNP 平减指数包含了一些与消费者发生间接作用的商品的价格波动,消费者对其反映不够敏感,所以最能让消费者感觉到物价变动水平的指标是居民消费价格指数。故 A 选项正确。

【例题 4·多项选择题】 消费物价指数与批发物价指数,相对于国内生产总值平减指数存在某些局限性,具体表现在( )。

A. 包含范围有特定限制 B. 商品选择与权数需经常调整

C. 计算方法复杂 D. 计算方法受到限制

E. 商品选择与权数的调整常落后于实际变化

【答案】 ABE

【解析】 消费价格指数和批发价格指数衡量的是与消费者息息相关的某些商品价格水平的变动,如食品、衣着、交通、通信等八大类,包含范围有特定限制,而国内生产总值平减指数衡量的是所有商品价格水平的变化,其范围及商品的选择要大于消费价格指数和批发价格指数,故 A 选项正确。且消费价格指数和批发价格指数往往要根据实际情况的变动对商品的种类与权重作出调整,而这种调整不能随着实际变化立刻发生,即具有滞后性,故 BE 选项正确。本题正确选项为 ABE。

【例题 5 · 多项选择题】 度量通货膨胀的程度,主要采取的指标有( )。

A. 消费物价指数
B. 批发物价指数
C. 生活费用指数
D. 零售商品物价指数
E. 国内生产总值平减指数

【答案】 ABDE

【解析】 生活费用指数(cost of living index,CLI)是指在不同时点,消费者为达到某一效用(或者福利、生活标准)水平所需要的最小支出之比,有时也称为不变效用指数(constant utility index)、不变满意度指数(constant satisfaction index)、福利指数(welfare index)等。在价格发生变化的情况下,消费者会调整自己的消费行为和消费模式,达到消费行为的最优化。该指数以效用论为基础,其目的不是衡量通货膨胀。因此 C 选项错误,应选 ABDE。

三、通货膨胀的原因

纸币是国家或地区强制发行并使用的,在货币流通的条件下,如果纸币的发行量超过了流通中实际需要的数量,多余的部分继续在流通中流转,就会造成通货膨胀。通货膨胀是个复杂的经济现象,其成因也多种多样。其直接原因只有一个,即货币供应过多,用过多的货币供应量与既定的商品和劳务量相对应,必然导致货币贬值、物价上涨,出现通货膨胀。通货膨胀的类型主要有需求拉上型通货膨胀、成本推动型通货膨胀、供求混合型通货膨胀、结构型通货膨胀、预期和惯性等产生的通货膨胀。

【例题 6 · 单项选择题】 对于需求拉上型通货膨胀,调节和控制( )是个关键。

A. 社会总需求
B. 收入分配
C. 财政收支
D. 经济结构

【答案】 A

【解析】 需求拉上型通货膨胀最根本的原因就在于总需求过剩,所以如何调节和控制社会总需求是解决该通货膨胀的关键。故 A 选项正确。

【例题 7 · 多项选择题】 按通货膨胀产生的原因,可将通货膨胀分为( )。

A. 需求拉动型通货膨胀
B. 成本推动型通货膨胀
C. 隐蔽型通货膨胀
D. 公开型通货膨胀
E. 结构型通货膨胀

【答案】 ABE

【解析】 隐蔽型通货膨胀指物价水平的上涨并没有完全通过公开的物价指数上涨表现出来。由于价格被政府管制而不能或不能完全、充分地上涨,在现行价格水平及相应的购买力条件下,就会出现商品普遍短缺、有价无货、凭票证供应、黑市猖獗等现象。公开型通货膨胀指完全通过一般物价水平上涨形式反映出来的通货膨胀。两者是以经济运行的市场化程度进行分类的,故 CD 错误。本题正确答案为 ABE。

四、通货膨胀的影响

西方经济学界有一种观点认为,通货膨胀可以促进经济增长,即所谓的促进论。实际上,通货膨胀对经济的促进作用,只是在开始阶段的极短时间内。就长期看,通货膨胀对经济只有危害,而无正效应。通货膨胀的影响可具体分为对收入分配的影响、对生产的影响、对流通的影响、对消费的影响以及对经济增长的影响等。

【例题8·单项选择题】 通货膨胀时期债权人将(　　)。
A. 增加收益　　　　　　　　　　　　B. 损失严重
C. 不受影响　　　　　　　　　　　　D. 短期损失,长期收益更大

【答案】 B

【解析】 在通常情况下,借贷的债务契约都是根据签约时的通货膨胀率来确定名义利息率。所以当发生了未预期的通货膨胀之后,债务契约无法更改,从而就使实际利息率下降。债务人受益,债权人受损。故本题正确答案为B。

【例题9·单项选择题】 在通货膨胀条件下,物价上涨,货币币值下降,人们通过分配而获得的货币收入,就不能购买到相等的生活资料,实际上减少了居民的收入,这是通货膨胀(　　)。
A. 对生产的影响　　　　　　　　　　B. 对分配的影响
C. 对消费的影响　　　　　　　　　　D. 对经济增长的影响

【答案】 C

【解析】 物价上涨,人们就不能购买到相应的生活资料,影响了人们的消费。本题正确答案为C。

【例题10·多项选择题】 通货膨胀对经济的作用,就长期看(　　)。
A. 有正效应　　　　　　　　　　　　B. 有长久的积极作用
C. 有利于社会再生产的顺利进行　　　D. 不利于社会再生产的顺利进行
E. 无任何正效应

【答案】 DE

【解析】 一般认为,通货膨胀不利于经济增长,即使对经济发展有某些刺激作用,也是短时期的,并以积累更大矛盾为代价,故其长期不会产生任何正效应。所以本题正确答案为DE。

五、通货膨胀的治理

通货膨胀作为纸币流通条件下的一种货币现象,其最直接的原因就是流通中的货币量过多,所以各国在治理通货膨胀时所采取的一个重要对策就是控制货币供应量,使之与货币需求量相适应,减轻货币贬值和通货膨胀的压力。对于治理需求拉上型通货膨胀,调节和控制社会总需求是关键,这主要通过实施正确的财政和货币政策来实现。治理通货膨胀的另一个重要方面就是增加有效商品供给,主要的手段有降低成本、减少消耗、提高经济效益、提高投入产出的比例,同时调整产业和产品结构、支持短缺商品的生产。收入

指数化政策也是治理通货膨胀的手段之一。

【例题 11·单项选择题】 以下各项治理通货膨胀的措施中,不属于财政紧缩政策的是( )。

A. 削减军费开支　　　　　　　　　B. 限制公共事业投资

C. 增加赋税　　　　　　　　　　　D. 中央银行收缩贷款规模

【答案】 D

【解析】 削减军费开支、限制公共事业投资都是减少政府购买性支出,属于紧缩财政政策,故 AB 不符合题意,税收手段同样属于财政政策,增加赋税属于紧缩性财政政策,故 C 项不符合题意,中央银行收缩贷款规模属于紧缩货币政策,不属于紧缩财政政策。故本题正确答案为 D。

【例题 12·多项选择题】 我国治理通货膨胀中,调节社会总需求的措施有( )。

A. 控制固定资产投资规模

B. 组织财政增收节支,实现财政收支平衡

C. 调节贷款规模

D. 调节货币发行数量

E. 管好社会消费基金

【答案】 ABCDE

【解析】 通货膨胀在总需求方面表现为总需求过剩,所以控制总需求的增长成为治理通货膨胀的手段之一,题中所有选项均体现为控制总需求。故本题正确答案为 ABCDE。

六、通货紧缩的含义及衡量

通货紧缩是指当市场上的流通货币减少,居民的收入所得减少,购买力下降,导致物价下跌。长期的通货紧缩会抑制投资与生产,导致失业率升高及经济衰退。对于其概念的理解,仍然存在争议。但经济学者普遍认为,当消费者价格指数(CPI)连跌 3 个月,即表示已出现通货紧缩。衡量通货紧缩的指标是多元的,包括物价增长率、货币供给量增长率、投资增长率和经济增长率等。

【例题 13·单项选择题】 通货紧缩所具有的特点中不包括( )。

A. 货币供给放慢　　　　　　　　　B. 物价持续下跌

C. 货币流通速度减慢　　　　　　　D. 社会总需求过度增加

【答案】 D

【解析】 货币供给放慢、物价持续下跌、货币流通速度减慢都是通货紧缩的特点,而社会总需求的过度增加会导致通货膨胀,不是通货紧缩的特点。故本题正确答案为 D。

七、通货紧缩的原因

通货紧缩作为一种基本的经济现象,和通货膨胀一样,它的形成原因是多种多样的,综观世界各国的通货紧缩历史,它既可能与紧缩性货币政策有关,也可能是由技术进步、生产能力过剩,有效需求不足以及一国金融体系缺乏效率等因素导致的。

【例题14·多项选择题】 造成通货紧缩的原因有（   ）。
A. 货币供给偏紧或不足
B. 经济结构失调
C. 国际市场的冲击
D. 货币流通过快
E. 社会总需求过大

【答案】 ABC

【解析】 货币流通过快及社会总需求过大是导致通货膨胀的原因，不合题意，故本题正确选项为ABC。

八、通货紧缩的社会经济效应

长期以来，通货紧缩的危害往往被人们轻视，并认为它远远小于通货膨胀对经济的威胁。然而，通货紧缩的历史教训和全球性通货紧缩的严峻现实迫使人们认识到，通货紧缩与通货膨胀一样，会对经济发展造成严重危害。经济学把一般物价水平普遍地、持续地下降定义为通货紧缩。辨别和理解通货紧缩的关键点是要看物价水平是否持续地下降，要分清是否能够持续和非持续。所以，在经济运行中受突发事件的冲击而引起的物价水平短时间的下降不能称之为通货紧缩。通货紧缩会给社会经济生活的各个方面带来不同程度的影响，这些影响可以称为通货紧缩的经济效应，其中主要包括收入分配效应和产出效应。

【例题15·多项选择题】 通货紧缩的效应主要表现在（   ）。
A. 生产资料价格和工资上涨过快
B. 抑制经济增长
C. 企业盈利下降，进而导致投资不足，开工率下降
D. 失业率增高
E. 引发社会问题增多

【答案】 BCDE

【解析】 生产资料价格和工资上涨过快是通货膨胀产生的效应，故A选项错误，通货紧缩会导致企业收益下降，进而投资不足，失业率升高，社会问题会增多。故正确选项为BCDE。

九、通货紧缩的治理

由于通货紧缩形成的原因比较复杂，并非由单一的某个方面的原因引起，而是由多种因素共同作用形成，因此治理的难度甚至比通货膨胀还要大，必须根据不同国家不同时期的具体情况进行认真研究，才能找到有针对性的治理措施。其治理对策主要包括实行扩张性的财政政策和货币政策、加大对总需求不足的调节力度、深化体制改革等。

【例题16·单项选择题】 治理通货紧缩时一般不适宜用（   ）。
A. 调高利率
B. 增加对居民的消费贷款
C. 实行扩张性货币政策
D. 刺激企业投资

【答案】 A

【解析】 通货紧缩很大程度上源于总需求不足,因此,刺激总需求是治理通货紧缩的重要手段之一。增加对居民的消费贷款、实行扩张性货币政策、刺激企业投资都会使总需求扩张,从而使通货紧缩得到缓解。而调高利率则属于紧缩性货币政策,用来应对通货膨胀,在通货紧缩时不宜使用。本题正确选项为 A。

【例题 17·多项选择题】 我国治理通货紧缩中,采取的措施有( )。

A. 下调企业贷款利率 B. 拓宽企业贷款与金融服务
C. 积极促进居民消费需求 D. 完善融资体制,疏通融资渠道
E. 提高商业银行法定存款准备金率

【答案】 ABCD

【解析】 提高商业银行法定存款准备金率属于紧缩性货币政策,是治理通货膨胀的手段,不适宜治理通货紧缩。治理通货紧缩应增加总供给,使用扩张性的财政政策和扩张性的货币政策。故本题正确答案为 ABCD。

思考与练习

一、单项选择题

1. 将通货膨胀分为温和的通货膨胀和恶性的通货膨胀是按( )进行分类的。
   A. 通货膨胀产生的原因
   B. 通货膨胀的表现形式
   C. 通货膨胀期间物价上涨的程度不同
   D. 通货膨胀期间物价下跌的程度不同

2. 从供给方面解释通货膨胀成因是( )。
   A. 需求拉动说 B. 成本推动说
   C. 结构型通货膨胀理论 D. 体制转轨说

3. 由政府颁布法令对工资和物价实行管制,甚至实行暂时冻结的是( )。
   A. 权威性限制 B. 以指导性为主的限制
   C. 强制性限制 D. 以税收为手段的限制

4. ( )认为中国的通货膨胀是由经济体制的转轨而引起的。
   A. 价格改革说 B. 结构说
   C. 体制转轨说 D. 人口说

5. 在通货膨胀改变收入分配比例的过程中,受害最大的是( )。
   A. 从事商业活动的部门 B. 从事商业活动的个人
   C. 依靠固定工资收入的成员 D. 持有实物资产的单位和个人

6. 为了抑制物价上涨较猛的势头,通常采取的权宜之计是( )。
   A. 财政金融紧缩政策 B. 提高法定存款准备金率
   C. 管制工资和物价 D. 币制改革

7. 成本推动说解释通货膨胀的前提是( )。

A. 总需求给定 B. 总供给给定
C. 货币需求给定 D. 货币供给给定

8. 通货膨胀对社会成员的主要影响是改变了原有收入分配的比例,这是通货膨胀的(　　)。

   A. 强制储蓄效应 B. 收入分配效应
   C. 资产结构调整效应 D. 财富分配效应

9. 国外大部分经济学家认为,通货膨胀与经济增长的关系是(　　)。

   A. 通货膨胀促进经济增长 B. 通货膨胀抑制经济增长
   C. 两者之间没有关系 D. 时而促进时而抑制

10. 通货紧缩与通货膨胀都是一种(　　)。

    A. 货币现象
    B. 物价总水平上升现象
    C. 社会总供给大于社会总需求的现象
    D. 社会总需求与社会总供给之间的均衡状态

二、多项选择题

1. 市场总需求由(　　)需求构成。

   A. 消费 B. 投资
   C. 政府 D. 国外

2. 发生通货膨胀时(　　)。

   A. 物价总水平会持续上涨 B. 货币购买力下降
   C. 生产流通混乱 D. 生活成本大大增加

3. 通货膨胀的受益者有(　　)。

   A. 利息收入者 B. 利息支出者
   C. 房租支出者 D. 租金收入者

4. 下列范畴中,属于通货紧缩的标志有(　　)持续下降。

   A. 价格总水平 B. 经济增长率
   C. 货币供应量 D. 外汇储备

5. 由供给因素变动形成的通货膨胀可以归结为(　　)。

   A. 工资推进 B. 价格推进
   C. 利润推进 D. 结构调整

三、判断题

1. 使用GDP平减指数衡量通货膨胀的优点在于其能度量各种商品价格变动对价格总水平的影响。　　　　　　　　　　　　　　　　　　　　　　　　　　(　　)
2. 需求拉上说解释通货膨胀时是以总供给给定为前提的。　　　　　　(　　)
3. 一般来说,通货膨胀有利于债权人而不利于债务人。　　　　　　　(　　)

4. 通货紧缩时物价下降,使货币购买力增强,使居民生活水平提高,对经济有利。（ ）
5. 隐蔽型通货膨胀没有物价的上涨,因此无法用指标来衡量。（ ）

四、名词解释

1. CPI
2. 货币失衡
3. 通货膨胀
4. 收入指数化

五、简答题

1. 一般来说,形成通货膨胀的原因有哪些?
2. 通货紧缩的定义应怎样描述?它对经济有什么影响?

六、论述题

1. 论述通货膨胀对经济的影响。
2. 治理通货膨胀的一般性措施有哪些?我国在治理通货膨胀时积累了哪些经验?

第十二章　金融调控政策

本章基本内容框架

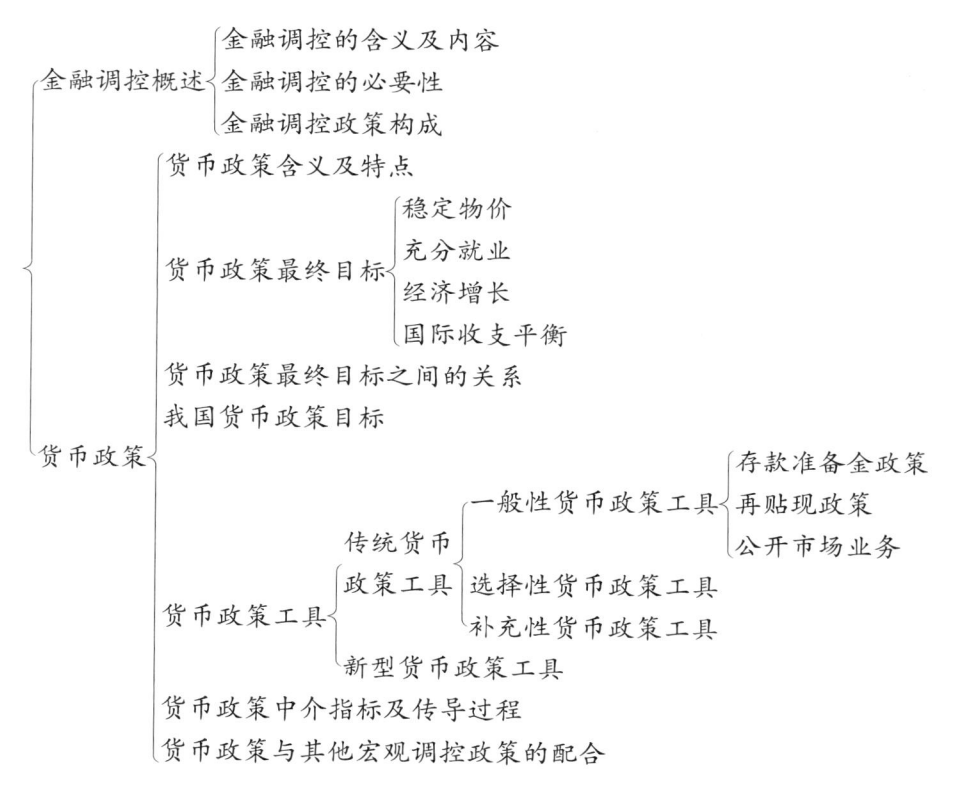

金融调控概述 ┬ 金融调控的含义及内容
　　　　　　├ 金融调控的必要性
　　　　　　└ 金融调控政策构成

货币政策 ┬ 货币政策含义及特点
　　　　　├ 货币政策最终目标 ┬ 稳定物价
　　　　　│　　　　　　　　　├ 充分就业
　　　　　│　　　　　　　　　├ 经济增长
　　　　　│　　　　　　　　　└ 国际收支平衡
　　　　　├ 货币政策最终目标之间的关系
　　　　　├ 我国货币政策目标
　　　　　├ 货币政策工具 ┬ 传统货币政策工具 ┬ 一般性货币政策工具 ┬ 存款准备金政策
　　　　　│　　　　　　　│　　　　　　　　　│　　　　　　　　　　├ 再贴现政策
　　　　　│　　　　　　　│　　　　　　　　　│　　　　　　　　　　└ 公开市场业务
　　　　　│　　　　　　　│　　　　　　　　　├ 选择性货币政策工具
　　　　　│　　　　　　　│　　　　　　　　　└ 补充性货币政策工具
　　　　　│　　　　　　　└ 新型货币政策工具
　　　　　├ 货币政策中介指标及传导过程
　　　　　└ 货币政策与其他宏观调控政策的配合

重点、难点讲解及典型例题

一、货币政策的含义及目标

货币政策是指中央银行通过银行体系变动货币供给量来调节利率进而调节总需求的政策。一国经济的健康发展离不开货币政策的执行与运用，而正确货币政策的制定至关重要。经济低迷时，扩张性的政策能够在一定程度上刺激经济的复苏；经济过热时，紧缩的货币政策能够起到抑制作用。

货币政策的目标是促进一国经济的良好运行，提高全体人民的福利，政府运用货币供给量为基础的手段对宏观经济进行有意识的干预，从而达到物价稳定、充分就业、经济持续均衡增长和国际收支平衡的目的。

【例题1·单项选择题】 下列选项中,( )不是货币政策的四项主要目标之一。

A. 政府预算盈余　　　　　　　　B. 充分就业
C. 物价稳定　　　　　　　　　　D. 经济持续增长和国际收支平衡

【答案】 A

【解析】 政府预算盈余还是赤字仅仅是一种手段,不应以追求政府盈余或收支平衡作为目标,否则会影响正确货币政策的制定,货币政策制定的原则是逆经济风向而行之,才能够达到充分就业、物价稳定、经济持续均衡增长和国际收支平衡的目标。故本题选项A正确。

【例题2·单项选择题】 货币政策诸目标之间呈一致性关系的是( )。

A. 物价稳定与经济增长　　　　　B. 经济增长与充分就业
C. 经济增长与国际收支平衡　　　D. 物价稳定与充分就业

【答案】 B

【解析】 就现代社会而言,经济的增长总是伴随着物价的上涨,A选项错误。随着国内经济的增长,国民收入增加及支付能力的增加,通常会增加对进口商品的需要,如果该国的出口贸易不能随进口贸易的增加而相应增加,必然会使得国际收支失衡,C选项错误。稳定物价与充分就业两个目标之间经常发生冲突,若要降低失业率,增加就业人数,就必须增加货币工资,若货币工资增加过多,致使其上涨率超过劳动生产率的增长,这种成本推进型通货膨胀,必然造成物价稳定与充分就业的冲突,D选项错误。当一个社会达到充分就业时,必然带来产出的增加,实现长期经济增长。故B选项正确。

二、货币政策传导机制

货币政策传导机制是指中央银行运用货币政策工具影响中介指标,进而最终实现既定政策目标的传导途径与作用机理。尽管货币政策传导机制理论在不断发展,各种学派对货币政策的传导机制有不同看法,但归纳起来,货币政策影响经济变量主要是通过利率传递途径、信贷传递途径、资产价格传递途径、汇率传递途径等实现的。

【例题3·单项选择题】 凯恩斯学派认为( )在货币政策传导机制中起主要作用。

A. 汇率途径　　　　　　　　　　B. 资产价格途径
C. 利率途径　　　　　　　　　　D. 信贷传递途径

【答案】 C

【解析】 利率传导机制理论可以说是最古老的货币政策传导机制理论,也被不少西方经济学者认为是最重要和最有效的货币政策传导途径。本题正确选项为C。

【例题4·多项选择题】 货币学派货币政策传导机制涉及( )等相关要素。

A. 准本金　　　　　　　　　　　B. 货币供应量
C. 金融资产　　　　　　　　　　D. 价格
E. 利率

【答案】 ABCDE
【解析】 货币信贷途径涉及准备金,利率途径涉及货币供应量和利率,资产价格途径涉及金融资产及价格。本题正确选项为 ABCDE。

三、货币政策工具

货币政策工具是中央银行实现货币政策目标而使用的各种方法手段,它可以分为一般性货币政策工具、选择性货币政策工具和补充性货币政策工具三大类。一般性货币政策工具是指对货币供给总量或信用总量进行调节,且经常被使用,是具有传统性质的货币政策工具,主要包括存款准备金政策、再贴现政策和公开市场业务。选择性货币政策工具是指中央银行针对某些特殊的信贷或某些特殊的经济领域而采用的工具,以某些个别商业银行的资产运用与负债经营活动或整个商业银行资产运用与负债经营活动为对象,侧重对银行业务活动质的方面进行控制,是常规性货币政策工具的必要补充。选择性货币政策工具主要包括优惠利率、消费者信用控制、不动产信用控制、证券市场信用控制、预缴进口保证金等。补充性货币政策工具主要包括直接信用控制、间接信用指导等。

随着经济、金融领域不断发展,我国中国人民银行采取了很多新型货币政策工具,包括短期流动性调节工具、常备借贷便利、中期借贷便利、抵押补充贷款等。

【例题 5·单项选择题】 目前,西方各国运用比较多而且十分灵活、有效的货币政策工具为(　　)。

A. 法定存款准备金　　　　　　　　B. 再贴现政策
C. 公开市场业务　　　　　　　　　D. 利率上限

【答案】 C
【解析】 法定存款准备金引起的波动较为剧烈,不经常使用,故 A 选项错误。再贴现政策具有一定的被动性,不够灵活,效果不够明显,故 B 选项错误。利率上限是一种补充性货币政策工具,不经常使用,故 D 选项错误。公开市场业务是最灵活最常用的货币政策工具,故 C 选项正确。

【例题 6·单项选择题】 在下列货币政策操作中,引起货币供应量增加的是(　　)。

A. 提高法定存款准备金率　　　　　B. 提高再贴现率
C. 降低再贴现率　　　　　　　　　D. 中央银行卖出债券

【答案】 C
【解析】 提高法定准备金率会减少商业银行的贷款规模,从而减少货币供应量,A 选项错误。提高再贴现率会减少商业银行向中央银行的借款,贷款规模收缩,减少货币供给量,B 选项错误。中央银行卖出债券,货币回笼,供应量减少,D 选项错误。而降低再贴现率可以使商业银行扩大贷款规模,从而货币供应量增加,C 选项正确。

【例题 7·多项选择题】 中央银行掌握的能够对整个经济发挥作用的货币政策工具有(　　)。

A. 公开市场业务　　　　　　　　　B. 法定准备金政策

C. 信用配额 D. 直接干预
E. 再贴现政策

【答案】 ABE

【解析】 本题考点为三大货币政策工具,正确答案为 ABE。

思考与练习

一、单项选择题

1. 劳动者不愿意接受现有的工资水平而自愿放弃工作所造成的失业是( )。
   A. 摩擦性失业 B. 周期性失业
   C. 自愿性失业 D. 偶然性失业

2. 中央银行为增大就业量可采取的措施不包括( )。
   A. 减少货币供给量 B. 增加货币供给量
   C. 增加社会总需求 D. 提供工作岗位和就业机会

3. 菲利普斯曲线显示:失业率高,物价上涨率( )。
   A. 高 B. 低
   C. 不变 D. 与失业率同比例上升

4. 中央银行调整再贴现利率着眼于( )。
   A. 短期的供求平衡 B. 短期供大于求
   C. 短期供不应求 D. 长期的供求平衡

5. 中央银行为了限制商业银行扩张信用,规定流动资产对存款的比重,这一直接信用控制手段是( )。
   A. 信用配额 B. 直接干预
   C. 流动性比率 D. 利率最高限

6. 以下不属于新型货币政策工具的是( )。
   A. 常备借贷便利 B. 抵押补充贷款
   C. 公开市场业务操作 D. 中期借贷便利

7. 中央银行为实现货币政策目标,对利率所采取的方针、政策和措施的总称是( )。
   A. 法定存款准备金率 B. 再贴现政策
   C. 再贷款政策 D. 利率政策

8. 货币政策中介指标的主要特征不包括( )。
   A. 离政策工具较远
   B. 对货币政策工具反应灵敏
   C. 离最终目标较近
   D. 与货币政策最终目标具有紧密的相关关系

9. 流通中的通货和商业银行等金融机构在中央银行的存款准备金之和是( )。
   A. 基础货币 B. 库存现金

C. 备用金　　　　　　　　　　　　D. 备用货币
10. 紧缩货币政策所采用的手段不包括（　　）。
A. 降低利率　　　　　　　　　　　B. 提高利率
C. 紧缩信贷　　　　　　　　　　　D. 减少货币供给

二、多项选择题

1. 货币政策的最终目标一般包括（　　）。
A. 稳定物价　　　　　　　　　　　B. 刺激消费
C. 经济增长　　　　　　　　　　　D. 充分就业
E. 国际收支平衡

2. 经济理论认为，失业的存在形式主要有（　　）。
A. 偶然性失业　　　　　　　　　　B. 摩擦性失业
C. 客观性失业　　　　　　　　　　D. 周期性失业
E. 自愿性失业

3. 中央银行的"三大法宝"包括（　　）。
A. 直接信用控制　　　　　　　　　B. 再贴现政策
C. 间接信用指导　　　　　　　　　D. 法定存款准备金率
E. 公开市场业务

4. 货币政策的传导机制理论包括（　　）。
A. 利率传导机制理论　　　　　　　B. 金融资产价格传导机制理论
C. 货币传导机制理论　　　　　　　D. 汇率传导机制理论
E. 信贷渠道的传导机制理论

5. 利用货币政策治理通货膨胀的具体操作有（　　）。
A. 提高法定准备金率　　　　　　　B. 提高再贴现率
C. 卖出有价证券　　　　　　　　　D. 提高基准利率

三、判断题

1. 我国货币政策的首要目标是经济增长。　　　　　　　　　　　　　　　　（　　）
2. 在通货膨胀时期，中央银行可以采取提高法定存款准备金率的政策。　　（　　）
3. 窗口指导是货币政策调节工具，能起到立竿见影的作用。　　　　　　　（　　）
4. 再贴现是中央银行与商业企业之间办理的票据贴现业务。　　　　　　　（　　）
5. 货币政策是着眼于调节总供给的宏观调控政策。　　　　　　　　　　　（　　）

四、名词解释

1. 货币政策
2. 法定存款准备金率
3. 公开市场业务

4. 中期借贷便利

五、简答题

1. 简述货币政策的特点。
2. 金融市场和金融机构在货币政策传导过程中有什么作用?
3. 货币政策时滞如何影响货币政策效应?

六、论述题

1. 如何理解货币政策目标之间的关系?
2. 试述目前我国中央银行主要使用的货币政策工具。

第十三章　金融安全与金融监管

本章基本内容框架

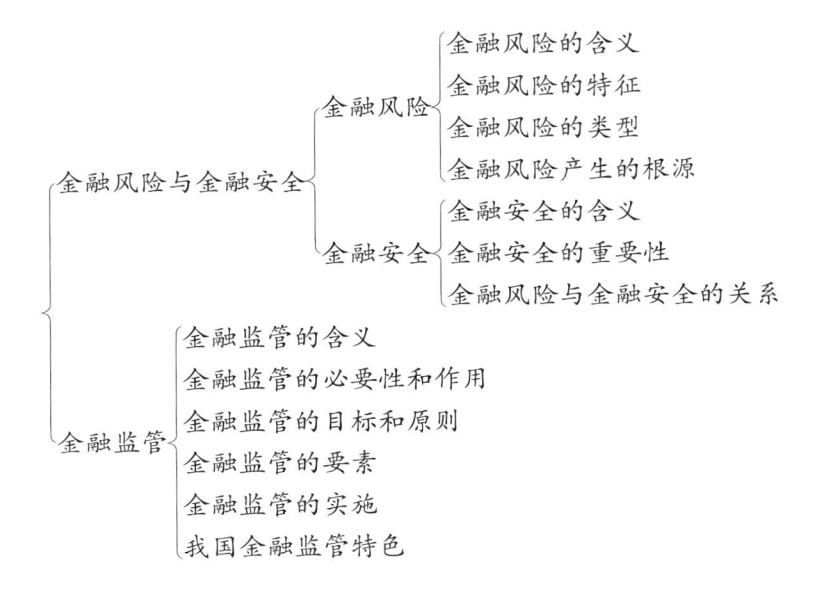

```
                        ┌─ 金融风险的含义
                ┌ 金融风险 ─┤ 金融风险的特征
                │         │ 金融风险的类型
                │         └ 金融风险产生的根源
金融风险与金融安全 ─┤
                │         ┌ 金融安全的含义
                └ 金融安全 ─┤ 金融安全的重要性
                          └ 金融风险与金融安全的关系

          ┌ 金融监管的含义
          │ 金融监管的必要性和作用
          │ 金融监管的目标和原则
金融监管 ─┤ 金融监管的要素
          │ 金融监管的实施
          └ 我国金融监管特色
```

重点、难点讲解及典型例题

一、金融风险

金融风险简单地说指的是与金融有关的风险,如金融市场风险、金融产品风险、金融机构风险等。一家金融机构发生的风险所带来的后果,往往超过对其自身的影响。金融机构在具体的金融交易活动中出现的风险,有可能对该金融机构的生存构成威胁;具体的一家金融机构因经营不善而出现危机,有可能对整个金融体系的稳健运行构成威胁;一旦发生系统风险,金融体系运转失灵,必然会导致全社会经济秩序的混乱,甚至引发严重的政治危机。

金融风险的特征包括社会性、扩散性、隐蔽性、周期性等特征。

金融风险作为一种引致损失的可能性,其生成机制是比较复杂的。微观主体行为和宏观经济环境等因素,都可以从不同的侧面直接或间接地造成金融风险。

【例题1·单项选择题】（　　）是指包括金融机构在内的各个经济主体在从事金融活动中,由于形势、政策、法律、市场、决策、操作、管理等诸因素的变化、缺陷或者其他原因而导致其资产、信誉遭受损失的可能性。

A. 经济风险　　　　　　　　　　B. 金融风险

C. 政治风险　　　　　　　　　　D. 政策风险

【答案】 B

【解析】 金融风险是指包括金融机构在内的各个经济主体在从事金融活动中,由于形势、政策、法律、市场、决策、操作、管理等诸因素的变化、缺陷或者其他原因而导致其资产、信誉遭受损失的可能性。

【例题2·多项选择题】 信息不对称的存在会导致(　　)和(　　)问题。

A. 逆向选择　　　　　　　　　　B. 正向选择

C. 道德风险　　　　　　　　　　D. 法律风险

【答案】 AC

【解析】 信息不对称的存在导致"逆向选择"和"道德风险"问题。金融中介机构的产生可以在一定程度上减少导致逆向选择和道德风险的根源——信息不对称性。

二、金融安全

金融安全是指货币资金融通的安全和整个金融体系的稳定。金融安全是金融规模扩张到一定阶段必然出现的问题,包括金融内安全及金融外安全。

金融安全在国家经济安全中的地位和作用日益加强。金融安全是经济平稳健康发展的重要基础,维护金融安全事关我国经济社会发展全局。

金融风险与金融安全密切相关,金融风险的产生构成对金融安全的威胁,金融风险的积累和爆发造成对金融安全的损害,对金融风险的防范就是对金融安全的维护。

【例题3·判断题】 金融安全属于国家安全的一部分,事关我国经济社会发展全局。(　　)

【答案】 对

【解析】 国家安全日益重要,包括范围很宽,其中金融安全也属于其重要的内容。金融在经济体系的核心地位,决定了维护金融安全事关我国经济社会发展全局。

三、金融监管

金融监管是指政府通过特定的机构(如中央银行)对金融交易行为主体进行的某种限制或规定。

金融监管的定义有广义和狭义之分。狭义的金融监管是指中央银行或其他金融监管当局依据国家法律规定对整个金融业(包括金融机构和金融业务)实施的监督管理。广义的金融监管在上述监管之外,还包括了金融机构的内部控制和稽核、同业自律性组织的监管、社会中介组织的监管等。

金融监管的原则包括依法原则,公开、公正原则,效率原则,独立性原则。首先,金融监管的目标是维护公众的权益,特别是存款人和投资人的利益。其次,保障金融体系的安全与稳定,维持整个金融体系的正常运转。再次,维护金融体系公平而有序的竞争,并在竞争中为公众提供尽可能多的金融服务。最后,保持金融活动与宏观调控的一致性。

金融监管的内容包括市场准入监管、金融谨慎性监管、市场退出监管。金融监管的对象包括对银行业、证券业、保险业及金融市场的监管。

【例题4·单项选择题】 监管活动应最大限度地提高透明度。同时,监管当局应公正执法、平等对待所有金融市场参与者,做到实体公正和程序公正,这体现了金融监管的(　　)原则。

A. 依法
B. 公开、公正
C. 效率
D. 独立性

【答案】 B

【解析】 公开、公正原则是指监管活动应最大限度地提高透明度。同时,监管当局应公正执法、平等对待所有金融市场参与者,做到实体公正和程序公正。

【例题5·多项选择题】 金融监管的目标可以概括为(　　)。

A. 维护公众的权益,特别是存款人和投资人的利益
B. 保障金融体系的安全与稳定,维持整个金融体系的正常运转
C. 维护金融体系公平而有序的竞争,并在竞争中为公众提供尽可能多的金融服务
D. 保持金融活动与宏观调控的一致性

【答案】 ABCD

【解析】 金融监管的目标可以概括为以下四个方面:首先,维护公众的权益,特别是存款人和投资人的利益。其次,保障金融体系的安全与稳定,维持整个金融体系的正常运转。再次,维护金融体系公平而有序的竞争,并在竞争中为公众提供尽可能多的金融服务。最后,保持金融活动与宏观调控的一致性。

思考与练习

一、单项选择题

1. 商业银行需要新设分支机构,主要由(　　)进行审批。

A. 国家金融监督管理总局
B. 证监会
C. 中国人民银行
D. 国家发改委

2. 按照金融风险的层次,可以将其分为三个层次,其中不包括(　　)。

A. 微观金融风险
B. 中观金融风险
C. 宏观金融风险
D. 总体金融风险

3. (　　)是由于个别金融机构或企业经营不善,个人违约或单项资产价格变化等产生的金融风险。

A. 系统性风险
B. 非系统性风险
C. 自然风险
D. 社会风险

4. (　　)是指政府通过特定的机构(如中央银行)对金融交易行为主体进行的某种限制或规定。

A. 金融约束　　　　　　　　　　　　B. 金融限制
C. 金融监管　　　　　　　　　　　　D. 金融考试

5. 单线多头型金融监管又称为(　　)，其监管权力集中于中央，但在中央一级又分别由两个或两个以上机构共同负责金融业的监督管理。

A. 单元多头式金融监管　　　　　　　B. 一元多头式金融监管
C. 多元多头式金融监管　　　　　　　D. 一元单头式金融监管

6. (　　)是指在经济合作区域内，对区域内的金融业实现统一的监督与管理的设置模式。

A. 跨国型金融监管设置模式　　　　　B. 复杂型金融监管设置模式
C. 复合型金融监管设置模式　　　　　D. 单一型金融监管设置模式

7. 金融监管当局在金融机构出现退出金融业、破产倒闭或合并、变更等问题的时候，会实施(　　)。

A. 市场退出监管　　　　　　　　　　B. 市场破产监管
C. 市场合并监管　　　　　　　　　　D. 市场倒闭监管

8. 金融监管当局还可以借助其特殊地位，以书面或口头的"道义劝说"方式向有关金融机构表明自己的态度和立场，要求其规范自己的行为，这属于(　　)。

A. 事后处理法　　　　　　　　　　　B. 委托监管法
C. 自我管理法　　　　　　　　　　　D. 道义劝说法

二、多项选择题

1. 世界各国金融监管主体的设置模式主要有(　　)。

A. 单线多头型金融监管　　　　　　　B. 双线多头型金融监管
C. 高度集中的单一型金融监管　　　　D. 跨国型金融监管

2. 金融监管的主要内容包括(　　)。

A. 市场准入监管　　　　　　　　　　B. 金融谨慎监管
C. 市场运行监管　　　　　　　　　　D. 市场退出监管

3. 金融监管的主要方法包括(　　)。

A. 事先检查筛选法　　　　　　　　　B. 定期报告分析方法
C. 现场检查法　　　　　　　　　　　D. 自我管理法

4. 金融监管的要素主要包括(　　)。

A. 主体　　　　B. 客体　　　　C. 内容　　　　D. 方法

5. 高度集中的单一型金融监管适用的国家有(　　)。

A. 埃及　　　　　　　　　　　　　　B. 巴西
C. 中国　　　　　　　　　　　　　　D. 菲律宾

三、判断题

1. 依法监管原则又称合法性原则,是指金融监管必须依据法律、法规进行。（ ）
2. 金融谨慎监管的内容依据不同的监管客体的特性而有所差异。（ ）
3. 资本充足性监管指的是银行应该保持一定的资本量,使之既能承受坏账损失的风险,又能通过谨慎经营达到适度的盈利水平。（ ）
4. 广义的金融监管是指中央银行或其他金融监管当局依据国家法律规定对整个金融业(包括金融机构和金融业务)实施的监督管理。（ ）
5. 金融风险与金融安全密切相关,金融风险的产生构成对金融安全的威胁,金融风险的积累和爆发造成对金融安全的损害,对金融风险的防范就是对金融安全的维护。（ ）

四、名词解释

1. 金融风险周期性
2. 微观金融风险
3. 系统性风险
4. 金融监管

五、简答题

1. 金融监管的目标包括哪些?
2. 金融监管的作用包括哪些?
3. 我国现行金融体制面临的挑战有哪些?

第二部分 思考与练习参考答案

第一章 货币与货币制度

一、单项选择题

1	2	3	4	5	6	7	8	9	10
C	B	A	A	C	C	C	C	D	D

【解释】

第1题：货币是存在于商品经济中的经济现象。它随着商品经济产生而产生,伴随商品经济的发展而发展;在没有商品经济的地方,就没有货币现象。

因此选择 C。

第2题：M_0 不包括商业银行的库存现金,而是指流通于银行体系以外的现钞,包括居民手中的现金和企业单位的备用金。M_1 由 M_0 和商业银行的活期存款构成。由于活期存款随时可以签发支票而成为直接的支付手段,所以,它同现金一样是具有流动性的货币。M_1 作为现实的购买力,对社会经济有着最广泛而直接的影响,因而是各国货币政策调控的主要对象。

因此选择 B。

第5题：金块本位制与金币本位制的区别在于:其一,金块本位制以纸币或银行券作为流通货币,不再铸造、流通金币,但规定纸币或银行券的含金量,纸币或银行券可以兑换为黄金;其二,金块本位制规定政府集中黄金储备,允许居民当持有本位币的含金量达到一定数额后兑换金块。

因此选择 C。

二、多项选择题

1	2	3	4	5
ABCD	BCD	ABCD	ABCD	ABCD

【解释】

第2题：电子货币最主要的表现形式是银行发行的各种银行卡,如借记卡、信用卡等。1986年中国银行发行了长城卡,1989年中国工商银行发行了牡丹卡。这些都属于电子货币的范畴。

因此选择 BCD。

第3题：货币制度构成要素包括:货币材料、货币单位、货币种类及偿付能力、货币发行准备制度。

因此选择 ABCD。

第4题：人民币是我国现行的唯一合法货币，属于纸币本位制，是不足值的，因此是一种信用货币。因此选择 ABCD。

三、判断题

1	2	3	4	5
√	×	√	×	√

四、名词解释

1. 信用货币是指以银行信用或国家信用为保证，通过信用程序发行和创造的货币或信用流通工具。

2. 劣币驱逐良币是指两种市场价格不同而法定价格相同的货币同时流通时，市场价格偏高的货币（良币）就会被市场价格偏低的货币（劣币）排斥。在价值规律的作用下，良币退出流通进入贮藏，而劣币充斥市场。这种劣币驱逐良币的规律又被称为"格雷欣法则"。

3. 有限法偿是指货币具有有限的法定支付能力。即在一次支付中，如果使用有限法偿货币支付的数额超过法定限额，收款人则有权拒绝接受。

4. 本位币是指按照国家规定的货币单位所铸成的铸币，亦称主币。

5. 货币制度是指一个国家或地区以法律形式确定的货币流通结构及其组织形式。

6. 金币本位制是指以一定量的黄金为货币单位铸造金币，作为本位币；金币可以自由铸造，自由熔化，具有无限法偿能力，同时限制其他铸币的铸造和偿付能力；辅币和银行券可以自由兑换金币或等量黄金；以黄金为唯一准备金。

五、简答题

1. 货币的形式演变大体上经历了实物货币、金属货币、纸质货币、存款货币、电子货币及数字货币六个阶段。

（1）实物货币：在商品生产和交换还不发达的古代，实物货币的形式五花八门，重要的外来商品和本地易于转让的财产充当了货币。实物货币都具有无法消除的缺陷，因为许多实物货币都形体不一，不易分割、保存，不便携带，而且价值不稳定，因此随着经济的发展与交易的扩大，实物货币逐渐被金属货币所替代。

（2）金属货币：随着商品生产和交换的发展，特别是金属冶炼技术的发展，人们找到适宜作为货币材料的金属来充当货币。与实物货币相比，金属货币具有价值稳定、易于分割、易于储藏等优势，更适宜于充当货币。但是金属货币也有难以克服的弊端，即面对不断增长的进入交换的商品来说，货币的数量却很难保持同步的增长。

（3）纸币货币：这是货币发展史上质的飞跃。最早从古代纸币，尤其是北宋交子开始，伴随商业银行机构的出现，产生了银行券。这是一种代替金银流通但可随时兑换成金银的代用货币，是纸币的过渡阶段。当银行券最终只能由集中的大银行垄断发行时，就是当前流通的纸币。纸币是国家强制发行、强制流通的不能兑现的货币符号，依赖国家信用流通。

（4）存款货币：是指能够发挥交易媒介和资产职能的银行存款，如活期存款、定期存款、储蓄存款等。存款货币一般是指流动性强的活期存款，直接用于转账结算，快速、安全、方便。

（5）电子货币：用一定金额的现金或存款从发行者处兑换并获得代表相同金额的数据，通过使用某些电子化方法将该数据直接转移给支付对象，从而能够清偿债务。

（6）数字货币：一般指由央行发行的、与纸币并行流通的数字化货币，与纸币有着同等的地位。数字货币不同于比特币等虚拟货币。央行主导的数字货币有两个突出特点：一是国家信用背书，具有无限法偿性与强制性。二是币值稳定，适用于各类经济交易活动。

2. 20 世纪 70 年代布雷顿森林体系崩溃，自此后，各国货币与黄金再无联系，不再规定货币的含金量，这被称为货币的非黄金化，纯粹的不兑现的信用货币制度由此建立。不兑现的信用货币制度的基本特点：①流通中的货币都是信用货币，主要由现金和银行存款组成。②信用货币都是通过金融机构的业务活动投入到流通中去的。③国家通过中央银行的货币政策操作对信用货币的数量和结构进行管理调控。

当前我国人民币制度的内容主要有以下四点：①人民币是唯一法偿币，具有无限法偿能力；②人民币的发行高度集中统一，中国人民银行是人民币唯一合法的发行机构并集中管理货币发行基金；③人民币制度是有管理的浮动汇率制度；④人民币的区域化、国际化步伐加快。

3. 划分货币层次的主要依据是金融资产流动性的强弱。流动性程度不同的金融资产在流通中周转的便利程度不同，从而对商品流通和各种经济活动的影响程度也就不同。所以，按流动性强弱对不同形式、不同特性的货币划分不同的层次，对科学地分析货币流通状况，正确地指定、实施货币政策，及时、有效地进行宏观调控，具有非常重要的意义。

4. 中国在货币制度安排上出现了与多种社会经济制度相适应的人民币、港币、澳元、台湾币"一国四币"的特有历史现象。

中国的"一国四币"是特定历史条件下形成的，不是 4 种货币在同一个市场上流通。人民币和港币、澳元、台湾币的关系是在一个国家的不同社会经济制度区域内流通的 4 种货币，它们隶属的货币管理当局各按自己的货币管理方法发行和管理货币。因此，不会产生"劣币驱逐良币"的现象。

第二章 信用与信用形式

一、单项选择题

1	2	3	4	5	6	7	8	9	10
C	B	D	C	A	C	B	D	D	D

【解释】

第 2 题：在各种信用形式中，银行信用在规模、数量、期限、方向上都具有优势，突破了商业信用的局限性。同时由于消费信用本身与银行信用密切相关，如消费信贷、信用卡方式。另外,国家信用除了发行债券外,也可向银行机构借款。因此,银行信用才是信用形式中的主体,占主导地位,所以选 B。

二、多项选择题

1	2	3	4	5
BCD	ABCD	ABC	AC	AB

【解释】

第1题:商业信用是最基础的信用,但是在很多方面存在局限性。如期限短,授信规模小,严格的方向性。BCD 都符合,A 是商业信用的特点,不是局限性。

第2题:国际信用是各国间的债权债务关系,本身不是一种独立的信用形式,具体包括出口信贷、国际金融机构贷款、政府间贷款、补偿贸易等。实际上这里面包含了商业信用、银行信用(或其他金融机构为中介)、政府信用等。所以选 ABCD。

三、判断题

1	2	3	4	5
√	×	√	×	×

四、名词解释

1. 商业信用是指工商企业之间发生的与商品交易相联系的信用形式。

2. 银行信用是指以银行或其他金融机构为中介,以货币形式提供的信用形式。

3. 国家信用是指以国家为债务人,通过发行债券、贷款等方式筹集资金的信用形式。

4. 消费信用是指工商企业、银行等金融机构向消费者个人提供的、满足其消费需求的信用形式。

五、简答题

1. 商业信用的局限性主要表现在:①授信规模受限制;②存在严格的方向性,一般是上游企业提供给下游企业;③期限较短;④信用链条不稳定,风险大,管理难。

2. 信用的特征有:①信用是以偿还和付息为基本条件的借贷行为;②信用关系的本质是债权债务关系;③信用是特殊的价值运动形式,是价值的单方面转移。

3. 国家信用的作用:①弥补财政赤字;②筹集建设资金;③调节经济运行。

4. 推行消费信用的意义:①促进消费,拉动经济;②促进产品更新换代和技术升级;③消费者提前实现消费愿望。

第三章 利息与利率

一、单项选择题

1	2	3	4	5	6	7	8	9	10
B	A	B	D	A	C	C	B	D	A

【解释】

第1题：名义利率与实际利率、物价变动率的关系，可以表述为：$i=r-p$。若实际利率为负数，则表明名义利率比物价变动率低，没有相应的调整。所以选 B。

第5题：利率是衡量收益的指标，对于存款、贷款来说，利率其实就是收益率。但是对于债券、股票等资产而言，利率就不能准确衡量收益情况。如债券的收益不仅有按票面利率算的利息，还有出售时的差价。那么实际的收益率就比票面利率高。因此用收益率来衡量收益更精确。所以选 A。

第7题：计算现在存多少元，实际上要计算的是现值。根据复利现值计算公式可得出 $34\,500 \div (1+5\%)^3 = 29\,802.4$(元)。所以选 C。

第10题：利率与消费、投资是反向变动关系，在经济萧条时，可以降低利率。因利率下降时，会引起消费增加，储蓄减少，投资增加。所以选 A。

二、多项选择题

1	2	3	4	5
ABCD	ACD	ABD	CD	ABCD

【解释】

第1题：复利终值和复利现值公式，分别为 $FV=PV(1+r)^n$ 和 $PV=\dfrac{FV}{(1+r)^n}$；从公式看，在其他条件相同的条件下，利率越大，复利终值越大；利率越大，复利现值越小；一年复利不止一次时，终值增加；复利次数越多，即间隔时间越短，终值越大；所以选 ABCD。

三、判断题

1	2	3	4	5	6	7	8
√	×	√	×	√	×	√	√

四、简答题

1. 利率上升会引起消费减少，储蓄增加，投资减少；利率下降，会引起消费、投资增加，而储蓄减少。所以通过降低利率或提高利率，可以刺激经济或抑制通胀等。

2. 物价水平与利率之间的关系表现在：物价水平上升，一般会引起利率上升。根据公式 $i=r-p$，为了保证实际利率不为负数，应该在物价上升时提高利率。两者是同向变动关系。另外，利率具有稳定物价的作用。即当物价上升尤其是出现通胀时，通常需要实行紧缩的货币政策，而提高利率就是常用的治理通胀的手段，利率提高可以抑制消费和投资，从而抑制总需求，给物价降温。

3. 影响利率水平的因素有：平均利润率、资金供求状况、物价水平、经济政策、经济周期、国际利率水平、期限长短与风险大小、利率管制。

4. 基准利率是指多种利率并存时能够起决定作用的利率。它的变动会引起其他利率跟着发生相应的变动。现实中，各国的基准利率虽然不完全相同，但主要以同业拆借市场利率、再贴现率等为代表。如 LIBOR－伦敦银行同业拆借市场利率、美国联邦基金利率。而我国的基准利率,长期以 1 年期存款贷款利率为主,上海同业拆借市场利率 Shibor 也已成为我国的基准利率。

五、计算题

1. 解:$10\ 000 \times (1+8\%/2)^2 = 10\ 000 \times 1.081\ 6 = 10\ 816$(元)
2. 解:已知每年计息次数 $m=2$,$r=8\%$,根据名义利率与实际利率的公式可得:
   $i=(1+r/m)^m-1=(1+4\%)^2-1=8.16\%$,所以实际利率比名义利率高 0.16%。
3. 解:$FV=P\times(F/P,i,n)=100\ 000\times(F/P,6\%/2,5\times 2)$
   $=100\ 000\times(F/P,3\%,10)=100\ 000\times 1.343\ 9=134\ 390$(元)
4. 解:$FV=100\ 000\times(F/P,2\%,10)=100\ 000\times 1.219\ 0=121\ 900$(元)

第四章 汇率与汇率制度

一、单项选择题

1	2	3	4	5	6	7	8	9	10	11	12	13
D	B	A	C	A	C	B	D	D	D	B	B	A

【解释】

第 3 题:直接标价法下,是用一定数量的本币表示固定单位的外币。如我国汇率标价法。假设美元兑人民币汇率从 6.5 变成 6,这只能表明人民币(本币)升值,而美元(外币)贬值。因此选 A。

第 4 题:影响汇率的因素有长期的,也有短期的。像通货膨胀、经济增长、国际收支一般都是长期才会对汇率产生影响。而利率的提高或降低,往往短期会引起资本流动,从而产生对汇率的影响,所以属于短期影响因素。因此选 C。

二、多项选择题

1	2	3	4	5
ABCD	ABCD	BD	ACD	AB

三、判断题

1	2	3	4	5	6	7	8	9	10
√	×	√	×	×	√	×	×	×	√

四、名词解释

1. 间接标价法是指以一定单位(1,100 或 1 000 等)的本币作为基准货币,折算成一定数量的外国货币的汇率表示方法。

2. 基准汇率是指一国货币与关键货币之间的汇率。关键货币是世界各国普遍接受的,而且能够迅速转化为其他资产形式的国际货币。

3. 管理浮动是指政府不时地干涉外汇市场,使本币汇率的升降朝着有利于本国的方向发展。

4. 汇率风险是指由于各国使用的货币不同,加上各国间汇率频繁波动,给外汇持有者或外汇使用者带来的不确定性。

5. 买入价又称买入汇率,是银行买入现汇时的价格,又称为银行结汇价。

五、简答题

1. 汇率变动对一国国内经济产生的影响主要有:

(1) 影响国际收支。汇率变动对一国国际收支的不同方面都会产生直接的影响,尤其是对贸易收支的影响非常突出。一般情况下,本币贬值有利于本国出口,但不利于本国进口。本币升值不利于本国出口,有利于本国进口。汇率变动对无形贸易收支也有影响。一国货币汇率下跌,这有利于该国旅游与其他劳务收支的改善。

(2) 影响物价水平。一般来说,汇率下降会通过影响进口商品和国内商品在国内的价格上涨,从而最终导致国内物价水平上涨。

(3) 影响资本流动。一般来说,汇率的变动对长期资本流动的影响较小,主要对短期资本流动影响较大。本国货币升值,会吸引短期资本流入。

(4) 影响国民收入及就业。一国货币汇率下跌,有利于出口不利于进口,因而将会使闲置资源向出口生产部门转移,并促使进口替代品生产部门的发展。这将使生产扩大,国民收入和就业增加。这一影响是以该国有闲置资源为前提的。如果一国货币汇率上升,则会抑制生产,减少国民收入和就业。

2. 直接标价法指以一定单位(1或100等)的外国货币作为基准,来折算成一定数量本国货币的汇率表示方法,又叫应付标价法。

特点:外国货币的数额固定不变,本国货币的数额随外币或本币的币值变化而变化。大多数国家都是直接标价法。例如,我国某银行的外汇牌价显示 USD1=CNY6.356 8。

3. 浮动汇率制度对经济的作用体现在:

(1) 浮动汇率制对金融和外贸的影响。一般来说,实行浮动汇率在国际金融市场上可防止国际游资对某些主要国家货币的冲击;防止外汇储备的流失,使货币公开贬值或升值的危机得以避免。但在浮动汇率制下,汇率的自由升降虽可阻挡国际游资的冲击,却容易因投机或谣言引起汇率的暴涨暴跌,造成汇率波动频繁和波幅较大的局面。浮动汇率波动的频繁与剧烈,也会增加国际贸易的风险,使进出口贸易的成本加重或不易核算,影响对外贸易的开展。同时,这也促进了外汇期权、外汇期货、远期合同等业务的创新与发展。

(2) 浮动汇率制对国内经济和国内经济政策的影响。与固定汇率相比,浮动汇率制下一国无义务维持本国货币的固定比价,因而可以根据本国国情,独立自主地采取各项经济政策。同时,由于在浮动汇率下,为追求高利润的投机资本往往受到汇率波动的打击,因而减缓了国际游资对一国的冲击,从而使其货币政策产生一定的预期效果。也正因为各国没有义务维持固定汇率的界限,因此,在浮动汇率下,一国国内经济受到他国经济动荡的影响一般相对较小。

4. 一国经济实力的强弱与该国的经济增长状况密切相关。而经济实力的强弱奠定了一国币值坚挺的基础。这也是影响汇率水平的基础性因素。

一国经济增长状况对汇率变动的影响较为复杂,可能出现以下几种情况:

(1) 对发展中国家而言,在国内经济增长的同时,往往进口多、出口少,从而出现国际收支逆差,最终影响汇率。这主要是由于发展中国家经济增长率的提高会引起国内需求水平的提高,而发展中国家又往往依赖于增加进口以弥补国内供给的不足,从而导致其出口增长慢于进口增长,使其国际收支出现逆差,造成本币贬值。

(2) 对于依赖出口的出口导向型国家来说则大有不同。出口导向型国家的经济增长主要表现为出口的增长,进而导致本国国际收支出现顺差,推动本币升值。

5. 人民币贬值的原因主要有:

(1) 美元指数高位徘徊引发人民币的"被动贬值"。美元指数是综合反映美元在国际外汇市场的汇率情况的指标,这个指数上行,就代表美元在升值。在高利率和强美元的组合下,非美货币普遍面临贬值的压力。但人民币表现较强的韧性,相对美元贬值 2.4% 左右。

(2) 中美利差倒挂程度的边际走阔。中美利差就是中国与美国的市场利率之差。美元兑人民币汇率一般与中美利差负相关,也就是说,如果中美利差倒挂加深,人民币倾向于贬值,反之亦然。

(3) 市场对于国内经济基本面的担忧。从相关经济金融数据来看,国内经济基本面仍面临需求不定,预期偏弱的问题,2024 年 6 月官方制造业 PMI 录得 49.5%,低于荣枯线水平。这些加大了市场对人民币汇率走势的悲观情绪。

第五章 金融机构体系

一、单项选择题

1	2	3	4	5	6	7	8	9	10
A	A	A	D	B	D	C	A	C	B

【解释】

第 1 题:狭义的国际金融机构分为全球性金融机构和区域性金融机构两种。目前,全球性的国际金融机构主要有国际货币基金组织、世界银行、国际清算银行。

因此选择 A。

第 4 题:非存款类金融机构的资金来源和存款类金融机构吸收公众存款不一样,主要是通过发行证券或以契约性的方式聚集社会闲散资金。非存款类金融机构一般包括保险公司、养老基金、证券公司、共同基金、金融公司等。

因此选 D。

第 5 题:保险公司是根据合同约定、向投保人收取保险费并承担投保人出险后的风险补偿责任、拥有专业化风险管理技术的经济组织,不受理存款业务。

因此选择 B。

二、多项选择题

1	2	3	4	5
AC	BCD	ACD	ABC	ABCD

【解释】

第1题:按照金融机构的管理地位,可将其划分为监管类金融机构和非监管类金融机构。监管类金融机构是根据法律规定对一国的金融体系进行监督管理的机构。非监管类金融机构是指执行业务需要取得金融监管部门授予的金融业务许可证的企业。

第3题:中国人民银行应履行的职责是:①依法制定和执行货币政策;②发行人民币,管理人民币流通;③按照规定审批、监督管理金融机构;④按照规定监督管理金融市场;⑤发布有关金融监督管理和业务的命令和规章;⑥持有、管理、经营国家外汇储备、黄金储备;⑦经理国库;⑧维护支付、清算系统的正常运行;⑨负责金融业的统计、调查、分析和预测;⑩作为国家的中央银行、从事有关的国际金融活动。

因此选择 ACD。

三、判断题

1	2	3	4	5
×	×	√	×	√

四、名词解释

1. 凡专门从事各种金融活动的组织均称为金融机构,既包括在间接融资领域活动的金融机构,也包括在直接融资领域活动的金融机构。

2. 商业银行在我国当前金融机构体系中处于主体地位,商业银行不同于中央银行和政策性银行,是一个以营利为目的,以多种金融负债筹集资金,多种金融资产为经营对象,具有信用创造功能的金融机构。

3. 保险公司是指运用专业化的风险管理技术,向投保人收取保费,在发生保险事故时,根据保险合同,为投保人或投保人指定的受益人进行经济赔偿,提供风险保障服务的金融机构。

4. 政策性银行是由政府投资设立的、根据政府的决策和意向专门从事政策性金融业务的银行。它们的活动不以营利为目的,并且根据具体分工的不同,服务于特定的领域,所以,也有"政策性专业银行"之称。

五、简答题

1. 现代金融机构是以追求利润为目标,以经营货币资金为对象的特殊企业组织,具有一般企业的基本特征,但又与一般工商企业有所不同。工商企业经营的是具有一定使用价值的商品,从事商品生产与流通活动;而金融机构是以货币资金这种特殊商品为经营对象,经营内容包括货币的收付、借贷以及各种与货币运动有关的或与之相联系的金融业务。主要作用有以下几点：

（1）充当信用中介，促进资金融通。

（2）充当支付中介，实现资金清算。

（3）创造信用流通工具。

（4）把货币转化为资本。

（5）分散风险，调节宏观经济。

2. 政策性金融机构是指那些由政府或政府机构发起、出资创立、参股或保证的，不以利润最大化为经营目的，在特定的业务领域内从事政策性融资活动，以贯彻和配合政府的社会经济政策或意图的金融机构。

非政策性金融机构是以发行股票和债券、接受信用委托、提供保险等形式筹集资金，并将所筹资金运用于长期性投资的金融机构。它主要包括信托、证券、保险、融资租赁等机构以及财务公司等。

3. 我国当前金融机构体系是以中央银行为核心，政策性银行与商业性银行相分离，国有商业银行为主体，多种金融机构并存的现代金融体系，且形成了严格分工，相互协作的格局。

（1）中国人民银行。中国人民银行是我国的中央银行，处在全国金融机构体系的核心地位。中国人民银行在国务院领导下，制定和实施货币政策，对金融业实施监督管理。

（2）商业银行。它是一个以营利为目的，以多种金融负债筹集资金，多种金融资产为经营对象，具有信用创造功能的金融机构。

（3）政策性银行。政策性银行是由政府投资设立的、根据政府的决策和意向专门从事政策性金融业务的银行。它们的活动不以营利为目的，并且根据具体分工的不同，服务于特定的领域，所以，也有"政策性专业银行"之称。

（4）外资银行。外资银行是指在本国境内由外国独资创办的银行。

（5）非银行类金融机构。非银行类金融机构是以发行股票和债券、接受信用委托、提供保险等形式筹集资金，并将所筹资金运用于长期性投资的金融机构。

4. 全球性的国际金融机构主要有国际货币基金组织、世界银行、国际清算银行等。

（1）国际货币基金组织对成员国发放贷款。贷款的最主要目的是调整成员国国际收支的不平衡，弥补成员国国际收支逆差或用于经常项目的国际支付。

（2）世界银行的宗旨是帮助成员国特别是发展中国家恢复生产和开发基础建设工程，促进成员国经济的发展。世界银行主要对成员国提供长期建设项目开发贷款，贷款对象除成员国政府外，也包括成员国企业，但必须由政府出面担保，贷款用途广泛，包括农业、工业、能源、交通、教育等的开发性项目。

（3）国际清算银行是各国"中央银行的银行"，向各国中央银行提供服务并通过中央银行向整个国际金融体系提供一系列高度专业化的服务，办理多种国际清算业务。

第六章 中 央 银 行

一、单项选择题

1	2	3	4	5	6	7	8	9	10
C	B	A	D	D	D	D	D	B	A

【解释】

第8题：中央银行也有金融服务的职能，同时提供金融服务，包括征信业务、金融统计业务、支付清算业务，而D是中央银行的资产业务。

因此选择D。

第9题：中央银行的活动特点包括不以营利为目的，不面向公众经营普通银行业务，和政府保持相对的独立性、独享货币发行权等，但中央银行的活动是为社会和经济发展服务的，而不是为了政府利益。

因此选择B。

二、多项选择题

1	2	3	4	5
ACD	AB	ABCD	ABD	ABD

【解释】

第5题：中央银行作为银行的银行，其表现之一就是为商业银行提供再贷款，充当最后贷款人的角色，目的是防止银行的进一步发展出现资金障碍、存款人的资金需求不能及时满足、挤兑形成的恐慌心理，最终导致金融体系的危机等，保障商业银行的安全经营。而商业银行不能用从中央银行申请的贷款用来发放企业贷款。

因此选择ABD。

三、判断题

1	2	3	4	5
×	√	×	√	×

四、名词解释

1. 中央银行是指以制定和执行货币政策为其主要职责的国家宏观经济调控部门。

2. 中央银行的相对独立性是指中央银行既不能完全受制于政府，也不能不受政府约束，而是应在政府的监督和国家总体经济政策的指导下，独立地制定和执行货币政策。

3. 跨国的中央银行制度是指参与货币联盟的所有成员国家共同建立一个跨国的、区域性的中央银行，各成员国内部不再设完全意义上的中央银行。

4. 再贴现是指商业银行为弥补营运资金的不足，将其持有的通过贴现取得的商业票据提交中央银行，请求中央银行以一定的贴现率对商业票据进行二次买进的经济行为。

五、简答题

1. 中央银行的职能包括：

（1）发行的银行，即发行货币职能。国家赋予中央银行集中与垄断货币发行的特权，是国家唯一的现钞货币发行机构。

（2）银行的银行，即为商业银行和其他金融机构提供服务的职能。表现在主持全国的清算、作为商业银行的最后贷款人、集中商业银行的存款准备金和对金融业的监督管理等。

（3）政府的银行，即为政府服务的职能。表现在经理国库、临时的财政垫支、代表政府参与国际金融活动、保管国家的黄金外汇、制定有关金融政策法令、制定和执行货币政策等。

（4）监管的银行，即中央银行对商业银行和其他金融机构，以及对金融市场的设置、业务活动和运行机制进行监督管理。

2. 中央银行业务的基本经营原则有：

（1）不以营利为目的。

（2）不经营一般银行业务。

（3）一般不支付存款利息。

（4）资产具有较强流动性。

（5）在国内设立相应分支机构。

（6）保持相对独立性。

（7）定期公布业务状况。

3. 中央银行的独立性是指中央银行履行其职责时，法律赋予或实际拥有的权力、决策和行动的自主程度。实际上是央行与政府之间的关系。相对政府而言，包括两层含义：中央银行应对政府保持一定的独立性，但是这个独立性是相对的。

中央银行保持独立性是因为：第一，中央银行和政府在国民经济中所处的地位、关注问题的重点和解决问题的方式、追求的行为目标存在差异。第二，避免政治性经济波动产生的干扰。第三，避免财政赤字货币化。第四，中央银行业务的特殊性。

4. 中央银行在整个金融体系中处于领导和核心地位，是国家的最高金融领导和管理机构。

中央银行作为银行的银行，其职能主要体现在集中商业银行的存款准备金、充当商业银行的最后贷款人、组织全国的商业银行业务清算和监督管理金融业。

5. 中央银行与商业银行相比，主要的不同表现在：

（1）性质和地位不同。中央银行是宏观调控部门，是国家机关，处于领导和核心地位；商业银行是金融企业，从事金融服务行业，与央行是管理与被管理的关系。

（2）目的不同。中央银行不以营利为目的，为了调节经济运行而设立；商业银行以营利为目的。

（3）业务对象不同。中央银行以服务政府或银行等金融机构为主；商业银行以服务企业和居民个人为主。

（4）职责不同。中央银行的职责是发行货币、调节经济、维护金融稳定；商业银行的职责是信用中介、支付中介信用创造、提供金融服务。

(5) 活动手段不同。中央银行以经济手段为主,配合行政手段、法律手段;商业银行仅有业务活动。

(6) 与政府关系不同。中央银行与政府关系密切;商业银行与政府没什么直接关系。

(7) 权力不同。中央银行有些特权,如垄断发行货币;商业银行从事一般金融业务。

第七章 商 业 银 行

一、单项选择题

1	2	3	4	5	6	7	8	9	10
C	A	C	A	B	D	B	B	D	B

【解释】

第7题:A 关注类贷款是指借款人目前有能力偿还贷款本息,但存在一些可能对偿还产生不利影响的因素的贷款。B 次级贷款是指借款人的还款能力出现明显问题,完全依靠其正常营业收入无法足额偿还贷款本息,需要通过处分资产或对外融资乃至执行抵押担保来还款付息的贷款。C 可疑贷款是指借款人无法足额偿还贷款本息,即使执行抵押或担保,也肯定要造成一部分损失的贷款。D 损失贷款是指借款人已无偿还本息的可能,无论采取什么措施和履行什么程序,贷款都注定要损失了,或者虽然能收回极少部分。本题中的表述属于 B 次级类贷款。

因此选择 B。

第10题:A 由于利率、汇率价格变动引起的风险属于市场风险。B 借款人到期无力偿还的风险属于信用风险。C 银行内部工作人员携款而逃的风险属于操作风险。D 国家经济金融政策的变动和调整的风险属于国家风险。

因此选择 B。

二、多项选择题

1	2	3	4	5
BCD	BCD	BCD	CD	ACD

【解释】

第5题:商业银行的负债业务是指形成商业银行资金来源的业务,主要包括自有资金和外来资金。其中外来资金包括存款、从央行借款、回购协议、同业拆借等。贷款属于资产业务不是负债业务。

因此选择 ACD。

三、判断题

1	2	3	4	5
√	√	×	×	×

四、名词解释

1. 商业银行是指依照《中华人民共和国商业银行法》和《中华人民共和国公司法》设立的吸收公众存款、发放贷款、办理结算等业务的企业法人。

2. 总分行制是指银行在大城市设立总行,在本市及国内外各地普遍设立分支行并形成庞大银行网络的制度。

3. 中间业务是指商业银行不需要运用自己的资金而代理客户承办相关事项,并据以收取手续费的业务。

4. 票据贴现是指资金的需求者,将自己手中未到期的商业票据向商业银行要求提前变现,商业银行按票面金额扣除贴现日至到期日的利息后付给现款,到票据到期时再向出票人收款的行为。

五、计算题

银行最终给顾客的现款为 $50\ 000 - 50\ 000 \times 6\% \times 72 \div 360 = 49\ 400$(元)

六、简答题

1. 商业银行的职能包括:

(1) 信用中介职能。信用中介职能是商业银行最基本,也是最能反映其经营活动特征的职能。这一职能的实质是通过商业银行的负债业务,把社会上的各种闲散资金集中到银行,再通过商业银行的资产业务,把它投向社会经济各部门。

(2) 中介职能。商业银行除了作为信用中介,融通货币资本以外,还执行着货币经营业的职能。通过存款在账户上的转移,代理客户支付,在存款的基础上,为客户兑付现款等,成为工商业团体和个人的货币保管者、出纳和支付代理人。这样,以商业银行为中心,形成了经济社会无始无终的支付链条和债权、债务关系。支付中介职能的发挥,大大减少了现金的使用,节约了社会流通费用,加速了结算过程和货币资金周转,促进了经济发展。

(3) 信用创造职能。商业银行的信用创造职能是在信用中介与支付中介的职能基础之上产生的。商业银行利用吸收的存款发放贷款,在支票流通和转账结算的基础上,贷款又转化为派生存款,在这种存款不提取或不完全提现的情况下,就增加了商业银行的资金来源。最后在整个商业银行体系,形成数倍于原始存款的派生存款。

(4) 金融服务职能。随着经济的发展,各个经济单位之间的联系更加复杂,各金融中介机构之间的竞争也日益激烈。人们对财富的管理要求也相应提高,商业银行根据客户的要求不断拓展自己的金融服务领域,如信托、租赁、咨询、经纪人业务及国际业务等,并在商业银行经营中占据越来越重要的地位。

2. 商业银行是以营利为目的,以货币为经营对象,可以吸收存款、发放贷款、办理结算等业务的特殊金融机构,本质是特殊的金融企业。其资金来源主要有自有资金、吸收存款、各种借款及其他负债。

3. 商业银行的中间业务也称中介业务、代理业务、居间业务。它是指银行不运用或较少运用自己的资财,以中间人的身份替客户办理收付或其他委托事项,为客户提供各类金融服务并收取手续费的业务。

市场经济的发展,要求商业银行发挥更多的中介服务功能。商业银行服务功能的最大转变,集中体现在中间业务的发展上。各家商业银行和金融机构,无一不把中间业务作为展示其鲜明个性的大舞台,使中间业务不断创新,服务品种层出不穷,为商业银行注入了活力。

4. 商业银行的经营原则是安全性、流动性和盈利性。安全性原则,是指商业银行在经营活动中,必须保持足够的清偿力,经得起重大风险和损失、能随时应付客户提存,使客户对银行保持坚定的信任。流动性原则是指商业银行能够随时应付客户提取存款,满足必要贷款需求的能力。盈利性原则是指商业银行的经营目标就是追求利润最大化。商业银行的"三性"原则既统一,又矛盾。安全性与流动性正相关,但却与盈利性负相关。因此银行必须从现实出发,在安全性、流动性和盈利性之间寻求最佳统一和均衡。

5. 从商业银行的本质来说,风险管理是其灵魂。银行的实质是经营风险,对于银行来说,市场风险、信用风险、操作风险、流动性风险等各种风险并存,风险是双刃剑,既是银行获利的手段,又会使银行付出代价,如果在经营中控制风险不利,轻则减少盈利出现亏损,重则风险可以导致银行倒闭。所以从这个意义上说银行的经营就是管理风险的过程,风险管理的内容包括:树立风险管理的经营理念、规范银行信息披露、健全内部控制制度等。

第八章　非存款类金融机构

一、单项选择题

1	2	3	4	5	6	7	8	9	10
C	B	A	C	C	D	A	C	A	B

【解释】

第2题:中国农业发展银行是直属国务院领导的我国唯一的一家农业政策性银行,1994年11月挂牌成立。主要职责是按照国家的法律法规和方针政策,以国家信用为基础筹集资金,承担农业政策性金融业务,代理财政支农资金的拨付,为农业和农村经济发展服务。

因此选择 B。

第8题:"受人之托,代人理财"是信托的基本特征。信托以信任为基础,在此基础上,委托人将其财产权委托给受托人,受托人按委托人的意愿,为受益人的利益或者特定目的对信托财产进行管理或者处分,因此,信托的实质是一种财产管理制度。

因此选择 C。

二、多项选择题

1	2	3	4	5
BCD	ABC	ACD	ABCD	ABC

【解释】

第1题：存款类金融机构是指可以发行存款凭证的金融机构，包括中央银行、商业银行、政策性银行以及信用合作社等存款机构；非存款类金融机构包括保险公司、证券公司、信托投资公司、投资基金管理公司等。

因此选择 BCD。

三、判断题

1	2	3	4	5
√	√	×	√	√

四、名词解释

1. 证券经纪业务是指证券公司接受客户的委托，帮助客户买卖有价证券，并从中收取佣金的业务。

2. 投资基金管理公司是专门为中小投资者服务的投资机构，它通过发售基金份额，将众多投资者的资金集中起来，形成独立财产，通过专家理财，组合投资，与投资者利益共享、风险共担。

3. 消费金融公司是指经金融监管部门批准，在我国境内设立的、不吸收公众存款，以小额分散为原则向中国境内居民个人提供以消费为目的贷款的非存款类金融机构。

4. 信托投资公司是指一种以受托人的身份，代人理财的金融机构。中国信托投资公司的主要业务有：经营资金和财产委托、代理资产保管、金融租赁、经济咨询、证券发行以及投资等。

五、简答题

1.（1）不直接参与货币创造过程。非存款类金融机构的共同特点是在负债上不以吸收存款为主要资金来源，在资产上不以发放贷款为主要运用方式，在服务性业务上不提供支付结算业务。因此，它们的经营活动不直接参与存款货币的创造过程，对货币供求及其均衡的影响相对较小。

（2）资金来源与运用方式各异。与业务共性较多的存款类金融机构不同，各种非存款类金融机构的业务各异，导致资产负债项目差异很大。如保险公司以吸收保费作为主要资金来源，资金主要运用于支付保险理赔和投资获益；基金公司的资金主要来源于发行基金证券，主要通过投资组合来运用资金；证券公司的资金主要来源于自有资本和发行债券，主要通过自营证券投资运用资金；信托投资公司的资金主要来源于信托资产，主要依据委托人的要求运用资金；金融租赁公司的资金主要来源于租金，资金主要运用于购买出租物。

（3）专业化程度高，业务之间存在较大的区别。非存款类金融机构业务的专业化程度高，比如投资银行的证券承销和经济业务、保险公司对保险产品的设计与管理以及基金公司的投资组合等，都需要专门的金融人才进行操作。同时，这些机构具有特定的服务对象和市场，各自业务的运作大不相同，即便在可归为一类的机构中，比如保障类机构，其相互间业务都有差异。

（4）业务承担的风险不同，相互的传染性较弱。非存款类金融机构的业务差异较大，其所承担的金融风险也不相同。相比之下证券公司、基金公司风险较高，而保险公司和社会保障基金的风险较低,服务类的机构风险很小。因承担风险的差异性,在分业经营体制下,相互的传染性也较存款类金融机构小得多。但在监管放松和混业经营的背景下并不尽然,比如美国次贷危机中投资银行、对冲基金、保险公司之间的业务往来导致风险加剧,最终酿成恶果。

(5) 业务的开展与金融市场密切相关,对金融资产价格变动非常敏感。非存款类金融机构的业务与金融市场的发达程度相辅相成。一个国家或地区非存款类金融机构的种类的多少,往往代表着金融结构的复杂程度和金融市场的发达程度的高低;而没有发达的证券市场,证券公司、基金公司就失去了存在的意义,没有健全的货币市场、保险市场,保障基金、保险公司也很难发展,相应的资信评估与信息咨询等机构也没有用武之地了。由于非存款类金融机构业务的开展依托于金融市场,市场动态对其业务运作影响极大,因此,它们对利率、汇率和证券价格等金融资产价格变动非常敏感。

2. (1) 分散风险,补偿损失。保险公司的基本作用,是把个体风险所致的经济损失分摊给其他投保人,用集中起来的保险基金补偿个体损失。

(2) 积蓄保险基金,促成资本形成,重新配置资源。保险公司和社保基金在运作过程中预提而尚未赔付出去的保费形成了巨额的保险基金,不仅具备抵御风险的实力,而且可以利用这笔资金在资本市场上进行投资运作,在使保险基金保值增值的同时,参与社会资源的配置,为市场提供了大量资金,成为金融市场中举足轻重的机构投资者,而且还对资本市场的稳健发展产生了重要影响。

(3) 提供经济保障,稳定社会生活。保险公司充当了社会经济与个人生活的稳定器,具体表现在为企业、居民家庭和个人提供预期的生产和生活保障,解决企业或居民家庭的后顾之忧,有利于受灾企业及时恢复生产经营,有助于遭难家庭维持正常生活,亦有利于履行民事赔偿责任,在社会经济的安定和谐方面发挥保障作用。

3. (1) 根据保险公司的基本业务,可以将保险公司分为人寿保险公司、财产保险公司、再保险公司。

人寿保险公司是指主要从事人寿保险业务,提供寿险产品的保险公司。这类保险公司的主要任务是为投保人提供保障,确保在投保人意外身故或遭受意外伤害时,能够给予其家庭经济上的支持和保障。

财产保险公司是指主要从事财产保险业务,提供财产保险产品的保险公司,包括汽车保险、住宅保险、商业保险等。这类保险公司的主要任务是为投保人的财产提供保障,确保在财产损失或意外事件发生时能够得到相应的经济赔偿。

再保险公司是指为其他保险公司提供再保险业务的保险公司。再保险是一种保险人与保险公司之间的保险合同,保险公司将部分风险转移给再保险公司,以分散风险和保证自身的资金安全。

(2) 依据经营目的可以把保险公司划分为商业性保险公司和政策性保险公司。商业性保险公司是经营保险业务的主要组织形式,多是股份制公司,如各种人寿保险公司、财产保险公司、海事保险公司、再保险公司等,任何有保险意愿并符合保险条款要求的法人、自然人都可以投保。政策性保险公司则是指依据国家政策法令专门组建的保险机构。这种保险公司不以盈利为经营目的,且风险内容关系到国民经济发展与社会稳定,如出口信用保险公司、投资保险公司、存款保险公司等。政策性保险是保险市场中特殊的发展形式，往往是国家出于对某个领域的保护意图而发展的。

（3）依据保险经营方式可以把保险公司划分为互助保险公司、行业自保公司、机构承保公司等。互助保险是由一些对某种危险有相同保障要求的人或单位，合股集资积聚保险基金，组织起互助保险合作社经营保险业务。行业自保是指某一行业为本系统企业提供保险保障，行业自保的组织形式一般是成立自营保险公司。自营保险公司主要承保本系统企业的风险业务，并通过积累一定的保险基金作为损失补偿的后备。机构承保是以企业法人机构来承做保险业务，各类商业性的保险公司均属此类。

4.（1）证券承销业务。证券公司借助自己在证券市场上的信誉和营业网点，在规定的发行有效期内将证券销售出去，这个过程就是承销。承销是证券公司最基本的业务之一，也是证券公司利润的主要来源，通过承销可以收取承销费。

在办理承销业务过程中，证券公司还可以为发行人提供各种专业服务。证券发行到上市的整个阶段，证券公司都全程参与，帮助发行人寻找投资者，从而使发行人筹集到所需要的资金。

（2）证券经纪业务。证券经纪业务是指证券公司接受客户委托，按照客户要求，代理客户买卖证券的业务，在证券经纪业务中，证券公司不向客户垫付资金，不分享客户买卖证券的差价，不承担客户价格风险，只收取一定比例佣金。

（3）证券自营业务。证券自营业务是指证券公司用自有资金或证券，以营利为目的，通过证券市场买卖证券的经营行为。证券买卖的差价即为证券公司的收入。

（4）其他业务。

5.证券公司是指由政府主管机关依法批准设立的在证券市场上经营证券业务的金融机构。主要特点有：

现代证券公司是直接融资市场上重要的组织者和中介人，它们提供与资本市场有关的智力服务，为客户量身定做可供选择的证券投资、资产组合、公司并购等各种融资方案，具有较强的金融创新意识和金融研发能力，主要依靠信用、经验、客户网络等占领市场。收入主要来源是各种服务的手续费或佣金。

证券公司在现代社会经济发展中发挥着沟通资金供求、构造证券市场、推动企业并购，促进企业集中和规模经济形成、优化资源配置等作用。作为资金需求和资金供给者相互结合的中介，证券公司以最低成本实现资金所有权和经营权的分离，为经济增长注入资本，为经济结构调整配置或转移资本。

第九章　金融市场

一、单项选择题

1	2	3	4	5	6	7	8	9	10	11	12	13	14	15
A	A	D	C	C	B	A	D	B	B	D	C	B	C	D

第二部分　思考与练习参考答案

【解释】

第1题：在金融远期合约中，交易双方约定的成交价格为交割价格，交割价格是双方交易的时候真正适用的价格，而其他几种价格在交易中不存在。

因此选择A。

第4题：在金融市场上，商业银行等金融机构经常用来管理利率风险的金融衍生工具为远期利率协议，而期货合约和期权合约都不是来管理利率风险的，而远期外汇合约是用来管理外汇风险的。

因此选择C。

第9题：期权合约中买进期权，付出期权费的投资者是期权合约的买方，因为买东西要花钱，在金融行业，购买衍生金融工具也是需要付费的，因此期权的买方需要花费期权费。

因此选择B。

第10题：短期国债的特点包括风险低、期限短、流动性高，风险低是因为国家的信誉最高，而短期国库券的期限一定是较短的，流动性高是因为期限短，如果是长期国债，因为期限较长，因此流动性就比较大。

因此选择B。

二、多项选择题

1	2	3	4	5	6	7	8	9	10
BCD	ABCD	ABC	BCD	ABCD	ABC	ABC	ABD	CD	ABCD

【解释】

第1题：金融衍生工具的特点为高杠杆性、高风险性和投机性强。高杠杆性是因为保证金交易，高风险性也是因为保证金交易，而投机性强是因为金融衍生工具存在高风险性，对交易者而言，数倍收益或数倍损失都有可能发生。

因此选择BCD。

第6题：资本市场中，证券的公开发行方式包括包销、代销、联合发行三种方式，其中包销根据发行责任大小又可分为全额、定额和余额三种；代销由券商代理销售，对剩余股票不承担任何责任与风险；联合发行适用于发行数量特别巨大的证券，由一家券商为主承销商，联合数家机构共同完成发行任务，发行风险共同分担，发行费用共同分摊。

因此选择ABC。

第9题：金融期权按其权利性质划分，可以分为看涨期权和看跌期权，而如果是从交割时间的不同来划分，还可以分为美式期权、欧式期权和百慕大期权。

因此选择CD。

三、判断题

1	2	3	4	5
√	√	×	×	√

四、名词解释

1. 股票是指股份有限公司发行的所有权凭证,是股份公司为筹集资金而发行给各个股东作为持股凭证,证明其股东身份并借以取得股息和红利的一种有价证券。

2. 回购协议是指商业银行在出售证券等金融资产时与购买方签订协议,约定在一定期限后按约定价格购回所卖证券,以获得即时可用资金的行为。

3. 金融期货合约是指协议双方同意在约定的将来某个日期按约定的条件(包括价格、交割地点、交割方式)买入或卖出一定标准数量的某种金融工具的标准化协议。

4. 证券上市是指发行的证券在证券交易所登记注册,并有权在交易所挂牌买卖。即赋予某种证券在某个证券交易所进行交易的资格。

5. 同业拆借是指银行与银行或其他金融机构之间为了解决临时性的资金短缺而相互借贷资金的活动。

6. 可保利益原则又称保险利益原则,是指投保人或被保险人对保险标的必须具备法律承认的经济利益,它体现了投保人或被保险人与投保标的之间的利害关系。如果不具有可保利益,不允许投保,保险合同也无效。

五、简答题

1.(1)交易对象和交易价格的特殊性。商品市场交易的对象——商品实物是多种多样的,而金融市场的交易对象却是单一的货币,不涉及任何其他交易对象,表现出明显的单一性特征。

(2)交易过程的特殊性。这一点主要体现在金融市场交易具有不确定性或高风险性,金融衍生工具的交易后果取决于交易者对基础工具未来价格的预测和判断的准确程度。

(3)交易场所的特殊性。金融市场交易起初只是在交易所进行,随着科学技术的迅猛发展,金融市场交易场所越来越电子化。证券交易所以外的证券交易市场也被称为"场外交易市场",包括分散的柜台市场和一些集中性市场。

(4)交易活动的集中性。金融市场的资金供给者很多,涉及政府、工商企业、家庭和个人等多方面。

(5)金融市场买卖关系具有特殊性。商品市场中的买卖双方只是简单的买卖关系,一旦买卖过程结束,双方则不存在任何关系。

2.(1)交易期限短,流动性强,交易目的是解决短期资金周转的需要。最短的交易期限只有半天,最长的不超过1年,大多在3~6个月。

(2)货币市场的参与者以机构为主。货币市场的参与者主要是机构与专门从事货币市场业务的专业人员。

(3)货币市场的形式以无形市场为主。以机构为主要参与者的货币市场具有交易规模大、客户数量少、交易频繁的特点。

3.(1)两者所体现的投资性质和所包含的权利不同。股票投资是一种长期性投资,投资者即为公司的股东,股东与公司之间是一种股东权与公司生产经营权的关系;公司债券投资中的债券持有人是公司的债权人,与公司之间形成的是一种借贷性质的债权债务关系。

(2)两者的投资风险程度不同。由于股票投资是没有期限的长期性投资,股东不能要求退股,也获取不了固定的股息和红利,因而股东承担着很大的风险。而公司债券则是风险较小的保守性投资,因为公司债券持有人到期既可以收取固定的利息,又可以收回本金;在收益分配上,尤其是在公司经营亏损或破产时,公司债券持有人都有优先于股东的地位;由公司债券特点所决定,其流通范围和流通频率小于股票,交易价格的变动也较为平稳。

(3) 两者的收益和风险不同。持股股东的收益是股息和红利,它们出自公司利润,事先无法确定,完全取决于公司的经营状况,并随经营状况的好坏而波动。持有公司债券的债权人依法获取的收益则是利息,这一收益不受公司经营状况的影响,无论公司有无盈利,公司债券的持有者都定期收取固定的利息。

4.(1) 按照基础工具的种类划分,金融衍生工具有股权式衍生工具、货币衍生工具和利率衍生工具。

(2) 按照交易形式划分,金融衍生工具分为交易双方收益风险对称的金融衍生工具和交换双方收益风险不对称的金融衍生工具。

(3) 按照金融衍生工具自身交易方法及特点划分,金融衍生工具有金融远期合同、金融期货、金融期权和金融互换。

5. 直接融资是指资金供求双方直接形成相应的债权债务关系或所有权关系的一种资金融通方式,亦称"直接金融"。这种融资方式是由资金供给者(盈余者)在金融市场上购买资金需求者所发行的股票、债券等向资金需求者融通资金,这相当于一种投资行为,未来可以获得一定的回报。直接融资的主要形式包括上市融资、风险投资、私募股权融资、发行债券。

第十章 货币需求与货币供给

一、单项选择题

1	2	3	4	5	6	7	8	9	10	11	12
D	B	D	B	C	A	A	C	A	B	D	C

【解释】

第3题:货币供给的过程分为两个过程:中央银行创造(提供)基础货币,而商业银行创造存款货币(派生存款)。所以选 D。

第5题:原始存款 30 万元,派生存款 90 万元,那么存款总额为 120 万元。存款乘数 K 的计算公式为: $K = \dfrac{\Delta D}{\Delta R}$。因此 K=120/30=4。所以选 C。

第7题:弗里德曼的货币需求函数为: $\dfrac{M_d}{p} = f\left(y, w; r_m, r_b, r_e, \dfrac{1}{P} \times \dfrac{\mathrm{d}P}{\mathrm{d}t}; u\right)$。其中, $r_b, r_e, \dfrac{1}{p} \times \dfrac{\mathrm{d}P}{\mathrm{d}t}$ 分别为固定资产预期收益率、非固定资产预期收益率、实物资产预期变动率。它们都是持有货币的机会成本。所以选 A。

第11题:商业银行上交的准备金包括法定准备金和超额准备金。公式为:$E=R-D\times r_d$。根据题意,超额准备金为150－1 000×10％＝50(亿元)。所以选D。

二、多项选择题

1	2	3	4	5	6
BC	CD	ABCD	BCD	BCD	AB

【解释】

第4题:货币需求理论中,强调微观主体的持币动机对货币需求的影响的剑桥方程式、凯恩斯流动性偏好理论、弗里德曼理论,都将货币看成是一种资产。而费雪方程式,将货币看成是一种交易媒介,忽略了人们持有货币的动机。所以选BCD。

第5题:剑桥方程式表达为:$M_d=kPY$,从中可以看出影响名义货币需求的因素主要有:以货币形态保有的财富占总收入的比例k、价格水平P、总收入Y。所以选BCD。

第6题:凯恩斯认为货币需求主要与收入水平和利率水平有关,因此提出了货币需求函数表示为$L=L_1(y)+L_2(r)$,而这个函数也可表示为$L=L(y,r)$。所以选AB。

三、判断题

1	2	3	4	5
√	×	√	√	×

四、名词解释

1. 货币需求是指在社会各部门在一定的资源(如财富拥有额、收入、国民生产总值等)条件下,微观经济主体和宏观经济运行对执行交易媒介和资产职能的货币产生的总需求。

2. 货币供给是指一定时期内一国银行系统向经济中投放、创造或收缩货币的过程。

3. 派生存款是指由商业银行发放贷款、办理贴现或投资等业务活动而衍生出来的存款。

4. 流动性陷阱是指当利率降低到不能再低时,人们就会预期未来利率将会上涨,债券价格会下降,因而没人愿意持有债券,这时的货币需求弹性变得无限大,即无论增加多少货币供给,都会被人们储存起来。

5. 法定准备金是指商业银行按照法律规定必须上缴的最低数额的准备金。

五、计算题

1. 解:根据公式 $\Delta D=\dfrac{\Delta R}{r_d}$,可以计算出: $\Delta D=\dfrac{\Delta R}{r_d}=\dfrac{1\,000}{20\%}=5\,000$(万元)

2. 解:根据公式 $K=\dfrac{1}{r_d}$ 计算得到,$r_d=20\%$时,$K=5$,存款总额为$100\times5=500$(万元)。$r_d=25\%$时,$K=4$,此时存款总额为:$100\times4=400$(万元)。存款总额变化率为:$(400-500)/500=-20\%$。即因准备金率上升,存款总额减少了20%。

第十一章　通货膨胀与通货紧缩

一、单项选择题

1	2	3	4	5	6	7	8	9	10
C	B	C	C	C	C	A	B	B	A

【解释】

第1题：A选项中，按照通货膨胀产生的原因可将通货膨胀分为货币现象、需求拉动、成本推动、结构型等通货膨胀。B选项，按照通货膨胀的表现形式可以将通货膨胀分为公开型的和隐蔽型的。D选项，通货膨胀是指一般物价水平全面持续地上涨，而不是下跌。C选项中，按照通货膨胀期间物价上涨的程度可以将通货膨胀分为爬行的通胀、温和的通胀、恶性的通胀等。因此选择C。

第10题：B选项中的物价总水平上升现象属于通货膨胀而不是通货紧缩。C选项，当社会总供给大于社会总需求时，会产生通货紧缩而不是通货膨胀。D选项，当社会总需求与总供给均衡时，就不会出现严重的通货膨胀和通货紧缩。A选项，无论是通货膨胀还是通货紧缩在本质上都是一种货币现象。因此选择A。

二、多项选择题

1	2	3	4	5
ABCD	ABCD	BC	ABC	AC

【解释】

第4题：本题考查通货紧缩的标志。通货紧缩的标志从三个方面把握：第一，价格总水平持续下降；第二，货币供应量持续下降；第三，经济增长率持续下降。

因此选择ABC。

【解释】

第5题：价格的推进总体上属于需求拉上的通货膨胀，生产效率差异引起部门之间的不平衡和结构调整属于结构型通货膨胀。供给因素形成的通货膨胀共分为三大类，工资成本推进的通货膨胀、利润推进的通货膨胀、原材料成本上升推进的通货膨胀，本题考查其中的两个。

因此选择AC。

三、判断题

1	2	3	4	5
√	√	×	×	×

四、名词解释

1. CPI即居民消费价格指数，是指一定时期居民消费者生活消费品和劳务价格变化情况的指标。它用一组固定商品按当期价格计算的价值除以一组固定商品按基期价格计算的价值。

2. 货币失衡是指一国一定时期内货币供给与货币需求相偏离，两者之间不相适应的货币流通状态。

3. 通货膨胀是指在纸币流通的条件下由于货币供给过多而引发货币贬值，物价全面、持续上涨的货币现象。

4. 收入指数化又称指数联动政策，是指按物价变动情况，使工资、利息、各种债券收益以及其他货币收入按照物价水平的变动进行调整。如物价与社会保障补助联动，最低工资标准随物价水平提高相应提高。

五、简答题

1. 形成通货膨胀的原因，主要有以下几方面：

（1）需求增加过旺引起物价总水平上涨。这些需求包括消费需求、投资需求、政府购买需求、国外需求等。

（2）成本上升引起通货膨胀。原材料价格上涨、工资上涨、利润推进等引发通货膨胀。

（3）供求混合因素推动通货膨胀。推中有拉，拉中有推。

（4）结构不合理引起通货膨胀。

（5）国外输入或预期通货膨胀。

2. 关于通货紧缩的定义，一种表述是：由于货币供给放慢或负增长，引起物价持续下跌的现象。另一种表述则是指物价疲软乃至下跌的持续态势。由于物价持续下跌，会相应引起经济增长放慢乃至连续负增长，因此，有的学者还将经济增长率持续下降包含在内。

通货紧缩会产生如下消极影响。首先，企业利润率会下降，甚至出现亏损，这必然会削弱企业投资者的积极性；其次，持续的物价下跌还会迫使企业缩减生产，裁减员工，乃至破产倒闭。这种紧缩效应会扩展到其他领域，如居民收入减少，相应紧缩消费支出；财政收入和支出出现紧张等。这种不敢投资、不愿消费、经济增长下滑的趋势，反过来又会加剧社会需求不足和通货紧缩的局面，使经济陷入恶性循环的旋涡之中。因此，对于通货紧缩也必须积极进行治理。

六、论述题

1. 西方经济学界有一种观点认为，通货膨胀可以促进经济增长，即所谓的促进论。实际上，通货膨胀对经济的促进作用，只是在开始阶段的极短时间内。就长期看，通货膨胀对经济只有危害，而无任何正效应。

（1）通货膨胀对生产的影响。第一，通货膨胀破坏社会再生产的正常进行，导致生产过程紊乱。一方面，通货膨胀条件下，商品和劳务价格普遍上涨，但是不均衡的，引起生产资料和消费资料的不正常分配，也给结构调整带来困难；另一方面，通货膨胀为国民经济核算、计量、统计工作带来困难，打乱了正常秩序。因此，通货膨胀对生产具有破坏作用。第二，通货膨胀使生产性投资减少，不利于生产长期稳定发展。关于通货膨胀促进投资增长的理论是站不住脚的。首先，政府把膨胀的货币用在投资上，最终影响的是所有商品价格的提高;其次,利用发行货币到物价上涨之间的"时间差"增加投资,其作用也是极其微小和短暂的;再次,用通货膨胀办法改变各阶层收入分配结构,实际上增加的不是边际投资,而是生产的下降和社会的动乱。因此,通货膨胀从长期看不但不会使投资增加,反而使投资下降。

(2) 通货膨胀对流通的影响。通货膨胀直接表现在流通领域。第一,通货膨胀使流通领域原来的平衡被打破,使正常的流通受阻。第二,通货膨胀会在流通领域制造或加剧供给与需求之间的矛盾。市场供需的失衡和矛盾的加剧,会反过来推动物价水平的不断上涨。

(3) 通货膨胀对分配的影响。首先,通货膨胀的过程是物价上涨的过程,也是币值即单位货币购买力下降的过程。通货膨胀条件下,社会成员收入增长速度是不一致的,因而实际收入水平就发生了变化,收入分配比例在通货膨胀下改变了。其次,通货膨胀对社会成员的影响还通过改变原有财富的占有比例而表现出来。如果社会成员的财富是以实物资产保存的,那么,通货膨胀对他的影响就要看他所持有的实物资产在货币形态上的自然升值与物价总水平之间是否相一致。以货币形式持有财富的人,在通货膨胀下是受害者。因此,通货膨胀有利于债务人,不利于债权人。再次,通货膨胀对分配的影响还可以从国民收入的初次分配和再分配环节中去考察。从企业为主的初次分配来看,通货膨胀使币值降低,影响企业的再生产顺利进行;从财政分配来看,形式上通货膨胀使财政收入增加了,但实际上,财政分配的货币资金却难以全部转化为实际物资,财政分配不能最终实现;从银行信用分配看,通货膨胀使资金来源减少了,而信贷需求增加,在严重的通货膨胀情况下,还会导致信用危机。

(4) 通货膨胀对消费的影响。消费分为生产消费和生活消费。通货膨胀对生产消费的影响,前面已提及。通货膨胀对生活消费的影响,一方面,通货膨胀下,人们实际收入水平下降,这就意味着居民消费水平的下降,而消费水平的下降,会限制生产的发展;另一方面,通货膨胀使社会成员所受损失不同,加剧了社会成员之间的矛盾。

2.(1) 治理通货膨胀的一般性措施包括:

①财政金融紧缩政策。通货膨胀条件下,紧缩需求的途径有两个:财政和银行部门,它通过这些途径影响企业投资支出和居民消费支出。财政紧缩措施有削减财政支出、限制公共事业投资和增加赋税。上述措施的目的,一方面压缩政府支出所形成的需求,另一方面抑制企业和个人需求。金融紧缩措施主要是通过中央银行运用法定存款准备金率、再贴现率和公开市场业务三项传统的货币政策手段,收缩贷款规模和货币供应量,以影响投资,压缩需求。②管制工资和物价。管制有两种类型:冻结工资和物价,即把工资和物价冻结在某一特定时间的水平上,在一定时期内,不允许任何变动;管制工资和物价,即将工资和物价上涨的幅度限制在一定范围一定时期内,不允许突破。管制的做法有两种:一是强制性的,二是自愿性的。③实行币制改革。这是在严重通货膨胀条件下采取的措施。其做法是废除旧币,发行新币,并制定一些保证新币稳定的措施。

此外,为控制通货膨胀还可采取削减政府开支、增加所得税、提高折旧率、控制货币供应增长率等措施。

(2) 我国在治理通货膨胀上的经验:我国传统的治理通货膨胀的方法是着重于从紧缩需求入手。主要有:大力压缩预算内、预算外基本建设投资;对工业企业实行关、停、并、转;大力精简职工和城镇人口;严格财政管理,压缩财政支出;控制货币发行,组织货币回笼。

改革开放以来的通货膨胀治理,在适当紧缩的同时则着重于从改善商品供给入手。措施有调节社会需求、增加有效商品供给。

①调节社会需求。第一,控制固定资产投资规模。原因是固定资产投资对形成社会总需求有一种内在推动作用。首先,它制约流动资金需求规模,对银行贷款规模构成压力;其次,固定资产投资膨胀,会使财政支出膨胀;再次,固定投资中有一部分会转化为消费基金,扩大对消费品的需求。因此,控制固定资产投资规模意义重大。第二,组织财政增收节支,实现财政收支平衡。第三,有效调节银行贷款规模和货币发行数量,控制在货币必要量需要增加的范围之内。第四,管好社会消费基金。一是使消费基金增长低于生产增长;二是严格监督企业收入分配;三是引导居民消费,减少市场压力。②增加有效商品供给。这是稳定货币的根本性措施。关键是提高资金使用效益,发掘生产潜力。从银行说,要调整信贷结构,积极支持国民经济薄弱部门和市场紧俏商品的生产,促进产业结构的调整。

第十二章　金融调控政策

一、单项选择题

1	2	3	4	5	6	7	8	9	10
C	A	B	A	C	C	D	B	A	A

【解释】

第2题:B中的增加货币供给量属于扩张性货币政策,会使利率下降,从而刺激了消费和投资,进而产出增加,就业量增大。C中的增加社会总需求,拉动了企业的生产,就业量增加。D中提供工作岗位和就业机会,直接增加了就业量。A中减少货币供给量属于紧缩性货币政策,会提高利率,进而抑制消费和投资,产出减少,从而就业机会减少,没有增加就业量,符合题意。

因此选择 A。

第3题:菲利普斯曲线是一条反映失业率和物价上涨率关系的曲线,两者呈反向运作,该曲线右下方倾斜,故失业率高,物价上涨率低。

因此选择 B。

第10题:B中的提高利率会抑制消费和投资,进而抑制总需求,属于紧缩性货币政策。C中的紧缩信贷是要控制信贷规模,减少货币供给量,属于紧缩性货币政策。D中的减少货币供给会提高利率,抑制总需求,属于紧缩性货币政策。A中的降低利率,会刺激消费和投资,进而总需求增加,属于扩张性货币政策。

因此选择 A。

二、多项选择题

1	2	3	4	5
ACDE	BDE	BDE	ABCDE	ABCD

【解释】

第 5 题：通货膨胀是经济过热的典型表现，此时应该采取紧缩性的货币政策手段来治理通胀。四个选项都属于紧缩性政策的表现，都能对治理通胀产生影响。

因此选择 ABCD。

三、判断题

1	2	3	4	5
×	√	×	×	×

四、名词解释

1. 货币政策是指中央银行通过银行体系变动货币供给量来调节利率进而调节总需求的政策。

2. 法定存款准备金率是指商业银行等存款类金融机构，必须按照规定的比率上交给中央银行一部分存款，法定的比率就是法定存款准备金率。

3. 公开市场业务是指中央银行在金融市场上卖出或买进有价证券，吞吐基础货币，用于改变商业银行等金融机构的可用资金，进而影响货币供给量和利率，实现货币政策目标的一种政策工具。

4. 中期借贷便利是指中央银行提供中期基础货币的货币政策工具。由中国人民银行对符合宏观审慎管理要求的商业银行、政策性银行，通过招标方式开展发放贷款，发放方式为质押方式，并需提供国债、央行票据、政策性金融债、高等级信用债等优质债券作为合格质押品。

五、简答题

1.（1）货币政策是宏观经济政策。货币政策是通过调节和控制全社会的货币供给来影响宏观经济运行，进而达到某一特定的宏观经济目标的经济政策，因而，货币政策一般涉及的是整个国家经济运行中的经济增长、物价稳定、充分就业、国际收支等宏观总量以及与此相关的货币供给量、信用量、利率、汇率等变量，而不是银行或企业金融行为中的资产、负债、销售收入、利润等微观个量问题。

（2）货币政策是调节社会总需求的政策。任何现实的社会总需求，都是指在货币支付能力的总需求。货币政策正是通过货币的供给来调节社会总需求中的投资需求、消费需求等，并间接地影响社会总供给的变动，从而促进社会总需求与总供给的平衡。

2. 金融市场是中央银行货币政策传导所依赖的必不可少的基础。一国金融市场的发展状况决定了中央银行宏观调控方式、调控工具及调控效果。

金融机构是金融市场的主体，也是中央银行宏观调控的客体（对象），它是连接中央银行与其他经济主体的桥梁,实际上中央银行对宏观经济的调控,也就是通过运用各种货币政策工具,直接或间接地调节各金融机构的超额准备金,以便控制各金融机构的信用创造能力,进而调节货币供应量。因此,金融机构的行为是否规范,是否对中央银行发出的信号作出灵敏反应,直接决定着中央银行调控效果。中央银行宏观调控对企业和个人的影响是间接的,对金融机构和金融市场的影响则是直接的。金融机构行为调整和金融市场融资环境的变化,才对企业和个人的投资与消费产生直接影响。在这一过程中,货币政策传导能否有效,关键在于企业和个人的投资与消费行为在多大程度上受金融市场的影响。从另一方面说,则取决于融资体制,企业和个人与金融机构的关系,对市场融资的依赖程度等。

3. 货币政策时滞是指从需要制定政策到这一政策最终发生作用,其中每一个环节都需要占用一定的时间。因此,从中央银行对经济活动中的变化有所反应到货币政策工具的选择,再到货币政策工具对货币政策的操作指标的变化波及中介指标,由中介变量的变化再到对最终目标产生影响,需要较长的一段时间,通常把这段时间称为"货币政策的作用时滞"。就总体过程而言,货币政策时滞可分为内部时滞和外部时滞。

(1) 货币政策的内部时滞是指作为货币政策决策主体的中央银行内部发生的,从制定政策到采取实际行动所需要的时间。内部时滞又可分为认识时滞和决策时滞。认识时滞是指从客观需要中央银行行动到中央银行认识到这种必要性所经过的时间。决策时滞是指从中央银行认识到这种必要性到实际行动所经过的时间,又称为行动时滞。其中决策时滞的时间长短,取决于中央银行对作为决策依据的各种信息资料的占有程度和对经济、金融形势的分析、判断能力,体现了中央银行决策水平的高低和对金融调控能力的强弱以及中央银行的独立性的大小。

(2) 货币政策的外部时滞是指从中央银行采取实际行动执行货币政策到这一政策在经济中产生相应效应所耗费的时间。这也是作为货币政策调控对象的金融部门及企业部门对中央银行实施货币政策的反应过程。这是因为,金融部门对新政策有一个认识过程,需要对新的货币政策进行判断,然后根据自身的情况作出决策。金融部门对货币政策的反应,通过货币政策中介指标的变化反映出来,企业和消费者再根据中介变量的变化作出自己的判断和决策,是增加投资还是减少投资,是增加消费支出还是减少消费支出,这些决策的调整会引起总需求的变动和总产出的变动,这样货币政策对真实经济变量的作用才最终显现出来。

六、论述题

1. 货币政策的四个目标要同时实现是非常困难的。因为这四个目标有时表现为一定的矛盾性。货币政策工具的实施,有时会使四个目标发生相反方向的变化,抵消政策效果,从而使货币政策失效。因此,中央银行在实施货币政策时,需要注意目标间的矛盾性。

(1) 币值稳定与充分就业。菲利浦斯曲线反映了失业率与物价上涨率之间,存在着一种此消彼长的关系。也就是说,一个国家要减少失业或实现充分就业,就必须增加货币供给量,降低税率、增加政府支出,以此刺激社会总需求的增加。而总需求的增加,在一定程度上将引起一般物价水平的上涨。相反,如果要压低物价上涨率,就得缩减货币供应量,提高税率,削减政府支出以此抑制社会总需求的增加,而社会总需求的缩减,必然导致失业率的提高。

(2) 币值稳定与经济增长。在现实经济生活中,经济的增长与物价上涨之间的矛盾很难调和。对于中央银行来讲要追求低通胀、高增长的理想目标,只能采取适度的货币政策,使货币供给量的供给既能实现物价稳定,又能满足与之相适应的名义国民生产总值增长的需要。

(3) 充分就业与经济增长。一般而言,要实现充分就业,必然要采取刺激总需求的政策措施,由此会带动经济增长,因此这两者之间存在正相关关系。但是,也存在特殊情况,如果经济增长方式由劳动密集型向资本或资源或知识密集型转变,那么,经济增长不仅不能带来就业率的上升,甚至还可能引起就业率的下降。这种情况在一些经济转型国家可能大量出现,因此如何处理好充分就业和经济增长的关系仍是一个重要课题。

(4) 稳定物价与平衡国际收支的矛盾。一般说来,当一国出现通货膨胀时,说明总需求超过了总供给,使国内的物价水平高于外国的物价水平,从而使国内出口商品的价格和进口紧俏商品的价格都高于外国商品的价格,这样必然会导致国内出口减少,进口增加,从而增加本国的贸易逆差,或者减少本国的贸易顺差,本国外汇储备减少,引起国际收支的变化。相反,则会出现相反的情况。

(5) 经济增长与平衡国际收支的矛盾。为了实现经济增长,就需要实行一种比较宽松的货币政策以降低利率,增加货币供给量来刺激总需求的扩大。但是其政策实施的结果在促进投资和经济增长的同时,会使国内物价上涨,出口减少,进口增加,资金外流,导致外汇储备减少,国际收支逆差失衡。相反,则会引起国际收支顺差失衡。

2. 目前,中国人民银行使用的货币政策工具主要有法定存款准备金率、公开市场业务、再贴现和再贷款政策、利率政策、信贷政策和汇率政策等。

(1) 法定存款准备金率。1984 年,中国人民银行专门行使中央银行职能后,即建立起我国的存款准备金制度。2007 年以后,法定存款准备金率调整频繁,成为我国中央银行经常使用的货币政策工具之一。

(2) 公开市场业务。我国的公开市场业务包括人民币公开市场业务和外汇公开市场业务两部分。

(3) 再贴现与再贷款政策。自 1984 年中国人民银行专门行使中央银行职能以来,再贷款作为一项重要的货币政策工具,在我国的宏观调控中发挥了重要作用。1998 年以后,中央银行再贷款作为货币政策工具的地位和作用都在渐渐弱化。

中国人民银行于 1986 年正式开展对商业银行贴现票据的再贴现业务。2002 年以来,由于再贴现利率的确定存在一定问题,再贴现业务日益萎缩,难以发挥货币政策工具的作用。

(4) 利率政策。利率政策是中央银行为实现货币政策目标,对利率所采取的方针、政策和措施的总称。在我国,利率政策一直是我国货币政策的重要组成部分,也是我国货币政策实施的主要手段之一。

(5) 信贷政策。信贷政策不同于货币政策中的其他总量政策工具,主要着眼于解决结构问题,通过窗口指导,引导信贷投向,促进地区、产业、产品结构的调整,防止重复建设和盲目建设,促进国民经济的持续协调发展。

（6）汇率政策。汇率政策已经成为中国人民银行调节宏观经济的一项重要手段。

第十三章　金融安全与金融监管

一、单项选择题

1	2	3	4	5	6	7	8
A	D	B	C	B	A	A	D

【解释】

第2题:按照金融风险的层次,可以将其分为微观金融风险、中观金融风险和宏观金融风险三个层次。微观金融风险是指微观金融活动主体在其金融活动和管理过程中发生资产损失或收益损失的可能性。中观金融风险是指金融的行业风险,即银行业、信托业、证券业和保险业存在或面临的风险。宏观金融风险是指整个金融体系面临的风险。

因此选择D。

第5题:单线多头型金融监管又称为一元多头式金融监管,其监管权力集中于中央,但在中央一级又分别由两个或两个以上机构共同负责金融业的监督管理,以体现国家权力集中和权力制衡的特性需要。法国、德国、日本、比利时均属于这种类型。

因此选择B。

第8题:金融监管当局还可以借助其特殊地位,以书面或口头的"道义劝说"方式向有关金融机构表明自己的态度和立场,要求其规范自己的行为。尽管该方式并不具有强制力,但由于金融监管当局以其监管的主体地位和权力作后盾,因此"道义劝说"往往具有较强的可执行性。

因此选择D。

二、多项选择题

1	2	3	4	5
ABCD	ABD	ABCD	ABCD	ABD

【解释】

第1题:金融监管的模式分为单线多头型金融监管、双线多头型金融监管、高度集中的单一型金融监管、跨国型金融监管。

因此选择ABCD。

第5题:高度集中的单一型金融监管设置模式是由单一的中央机构,如中央银行或专门的监管机构对金融业的全部活动进行监督与管理。在历史上,这种监管模式较为普遍,并且监管机构往往是指中央银行。大部分发展中国家由于国内市场体系不完备,金融结构比较简单,客观上需要政府通过中央银行统一进行干预,如埃及、巴西、菲律宾和印度等。而发达市场经济国家由于金融高度发达也采用这种模式。

因此选择 ABD。

三、判断题

1	2	3	4	5
√	√	√	×	√

四、名词解释

1. 金融风险周期性是指经济的周期性波动及货币政策的有序变动使金融风险的出现存在一定的周期性、规律性的变化。

2. 微观金融风险是指微观金融活动主体在其金融活动和管理过程中发生资产损失或收益损失的可能性。

3. 系统性风险是指因为经济、政治、社会等因素变动引起的整体市场波动或者市场某一部分波动而带来的风险,这种风险往往是不可分散的。

4. 金融监管是指政府通过特定的机构(如中央银行)对金融交易行为主体进行的某种限制或规定。

五、简答题

1. 金融监管的目标包括:①维护公众的权益,特别是存款人和投资人的利益。②保障金融体系的安全与稳定,维持整个金融体系的正常运转。银行体系在提供金融服务等特殊商品外,还支撑着整个社会的支付结算体系,对整个经济体的平稳运行至关重要。③维护金融体系公平而有序的竞争,并在竞争中为公众提供尽可能多的金融服务。④保持金融活动与宏观调控的一致性。作为市场经济条件下的微观主体——个人、企业和金融机构是以追逐经济利润为主要目的的,这使金融活动经常与国家的金融货币政策不一致,出现微观金融活动与宏观金融政策相矛盾,抵消甚至破坏国家宏观调控的金融货币政策的实施效果的现象,出现个人理性与集体非理论性的悖论。

2. 金融监管的作用包括:①维持金融业健康运行的秩序,最大限度地减少银行业的风险,保障存款人和投资者的利益,促进银行业和经济的健康发展。②确保公平而有效地发放贷款的需要,由此避免资金的乱拨乱划,防止欺诈活动或者不恰当的风险转嫁。③金融监管还可以在一定程度上避免贷款发放过度集中于某一行业。④银行倒闭不仅需要付出巨大代价,而且会波及国民经济的其他领域。金融监管可以确保金融服务达到一定水平,从而提高社会福利。⑤中央银行通过货币储备和资产分配来向国民经济的其他领域传递货币政策。金融监管可以保证实现银行在执行货币政策时的传导机制。⑥金融监管可以提供交易账户,向金融市场传递违约风险信息。

3. 我国现行金融体制面临以下几种挑战:①有效银行监管的基础没有建立起来,缺乏社会联合防范机制。金融机构上级行对下级行缺乏科学有效的激励和约束机制,导致下级行经营者强化内部控制的激励不足。同时,作为商业银行内部控制重要内容的稽核监督体系,隶属于各级行经营者,没有有效独立出来,其监督职能也容易流于形式。②缺乏一整套系统性的风险预警、处置、缓冲和补救机制。金融监管没有形成有效的金融风险监测、评价、预警和防范体系,缺乏早期预警和早期控制,监管信息没有有效利用,风险防范工作忙于事后"救火",不利于有效防范,化解金融风险。③基层中央银行缺乏一套科学严密的监管制度和监管方法,监管工作中信息不对称,由于商业银行报送数据可用性较差,中央银行的非现场监管体系不能发挥应有的作用,监管效率有待于进一步加强。④监督措施的效能未得到充分发挥。突出表现在:对金融机构违规行为的处罚成本过低,违规处罚执行中缺乏严厉性,当前监管部门对违规行为的处理缺乏有效性。

第三部分　模拟试题及参考答案

金融学模拟试题（一）

一、单项选择题（本大题共20小题，每小题1分，共20分）

1	2	3	4	5	6	7	8	9	10

11	12	13	14	15	16	17	18	19	20

1. 中央银行的经营目的是（　　）。
   A. 营利　　　　　　　　　　　B. 调节经济，实现经济发展目标
   C. 与商业银行平等竞争　　　　D. 提高在国际上的地位和影响

2. 我国货币层次的划分依据是（　　），M_1包含的内容是（　　）。
   A. 流动性　现金和定期存款　　B. 流动性　现金和活期存款
   C. 收益性　现金和活期存款　　D. 收益性　现金和定期存款

3. 间接融资的主要形式是（　　）。
   A. 银行信贷　　　　　　　　　B. 发行股票
   C. 商业票据　　　　　　　　　D. 发行债券

4. 根据凯恩斯流动性偏好理论，满足投机动机的货币需求（　　）。
   A. 与利率同方向变动　　　　　B. 与利率反方向变动
   C. 与收入同方向变动　　　　　D. 与收入反方向变动

5. 中央银行可使用的作用力度最强的货币政策工具是（　　）。
   A. 公开市场业务操作　　　　　B. 再贴现政策
   C. 流动性比率　　　　　　　　D. 法定存款准备金率

6. 优先股股东的权利不包括（　　）。
   A. 优先分配权　　　　　　　　B. 优先求偿权
   C. 股利分配权　　　　　　　　D. 优先认股权

7. 银行经营中，（　　）的风险属于信用风险。

A. 由于利率、汇率价格变动引起

B. 借款人到期无力偿还

C. 银行内部工作人员携款而逃

D. 银行库存现金不足无法取款

8. 世界上最早的货币形式是（　　）。

  A. 实物货币   B. 交子   C. 金属货币   D. 纸币

9. 超市的笔记本电脑标价 2 888 元，你犹豫不决后还是支付 2 888 元，买了这台电脑。这"标价 2 888 元"和"支付 2 888 元"分别体现出货币的（　　）职能和（　　）职能。

  A. 价值尺度　流通手段   B. 流通手段　价值尺度

  C. 流通手段　支付手段   D. 价值尺度　支付手段

10. 金融机构之间发生的短期临时性借贷活动是（　　）。

  A. 贷款业务   B. 票据业务

  C. 同业拆借   D. 再贴现

11. 有这样一种期权：买方可以在期权的有效期内任何时点以确定的价格行使购买权利或者放弃行使购买权利，这样的期权是（　　）。

  A. 美式看涨期权   B. 欧式看涨期权

  C. 美式看跌期权   D. 欧式看跌期权

12. 实际利率为负，则名义利率与通货膨胀率之间的关系表述为（　　）。

  A. 名义利率高于通货膨胀率   B. 名义利率等于通货膨胀率

  C. 名义利率低于通货膨胀率   D. 名义利率与通货膨胀率无关

13. 商业银行最主要的负债业务是（　　）。

  A. 贷款   B. 资本金

  C. 同业拆借   D. 吸收存款

14. 下列货币政策操作中，引起货币供应量增加的是（　　）。

  A. 提高法定存款准备金率   B. 提高再贴现率

  C. 降低利率   D. 中央银行卖出债券

15. 若欧元兑美元的汇率为 EUR/USD=1.234 5，变为 EUR/USD=1.345 6，这表明（　　）。

  A. 欧元升值，美元贬值   B. 欧元贬值，美元升值

  C. 美元汇率上升   D. 欧元汇率下跌

16. 下列被称为"最后贷款人"的机构是（　　）。

  A. 商业银行 B. 投资银行 C. 政策性银行 D. 中央银行

17. 关于利息和利率的说法中，不正确的是（　　）。

A. 利息是一种补偿，包括对机会成本及风险的补偿

B. 利息是借入者为获得资金的所有权而必须支付的代价

C. 利率是衡量收益及成本的重要指标，个人、企业都非常关注

D. 基准利率的变化通常反映出货币当局紧缩银根或松动银根的信号

18. 金融市场最基本的功能是( )。
A. 提供融资投资场所　　　　　　B. 实现财富分配
C. 分散风险　　　　　　　　　　D. 调节经济

19. 证券公司代理客户在股票二级市场上进行交易,从中赚取佣金的业务属于( )。
A. 包销业务　　B. 自营业务　　C. 代销业务　　D. 经纪业务

20. 关于货币时间价值的说法中,错误的是( )。
A. 货币时间价值指随着时间的推移而产生的增值额
B. 货币时间价值指随着时间的推移,在使用过程中而产生的增值额
C. 货币时间价值通常可以表现为利息、收益或无通胀下的利率
D. 若利率大于零,现在的100元比2年后的100元值钱,反映出货币具有时间价值

| 得分 | |

二、多项选择题(本大题共5小题、每小题2分、共10分)

1	2	3	4	5

1. 关于利息的本质中,说法正确的有( )。
A. 利息是资金借出者为让渡资金所有权而索取的补偿
B. 利息是借入者为获得资金的使用权而必须支付的代价
C. 凯恩斯将利息看做是一定时期内人们放弃流动性偏好的报酬
D. 马克思认为利息是剩余价值的特殊转化形式

2. 关于商业银行存款创造的描述中,正确的有( )。
A. 现金漏损率越大,存款乘数也越大
B. 部分准备金制度和非现金结算制度是基本前提
C. 法定准备金率、超额准备金率都与存款乘数负相关
D. 商业银行的派生存款能力的大小,还受原始存款和贷款需求的影响

3. 下列关于货币的描述中,正确的有( )。
A. 货币是社会财富的代表
B. 钞票、硬币、存款、商业票据都是信用货币
C. 最早的货币形式是铸币
D. 银行券不同于当今各国流通的纸币

4. 关于货币需求理论描述中,正确的有( )。
A. 剑桥方程式是$M_d=kPY$,强调货币的资产功能
B. 费雪方程式是$MV=PT$,强调货币的交易媒介功能
C. 弗里德曼将货币看做是资产,认为货币需求与持有货币的机会成本负相关
D. 凯恩斯认为利率与交易性货币需求负相关,并提出了流动性陷阱

5. 下列关于金融市场的说法中,正确的有( )。
A. 融资期限在1年以内的货币市场主要满足流动性不足的融资需求

B. 同业拆借市场期限短,利率通常由拆借双方决定
C. 金融市场交易的对象主要是各种金融资产,如货币、股票、外汇、黄金等
D. 通过金融市场可以分散风险、实现资源优化配置、降低交易成本等

| 得分 | | **三、判断题**(本大题共8小题、每小题1分、共8分) |

1	2	3	4	5	6	7	8

1. 通货膨胀本质上是一种货币现象,通常用CPI、PPI等指标衡量通胀的高低。其中PPI又称消费物价指数。（　）
2. 投资银行的本源业务是证券发行、承销和证券交易,并从中收取佣金。（　）
3. 一般来说,流动性较强的资产盈利性也比较好。（　）
4. 目前我国银行的存贷款利率是由商业银行自己决定的。（　）
5. 开放式基金的基金单位总数是固定的。（　）
6. 可转换债券是指债券的持有人在一定条件下可按事先确定的转换比率将所持有的债券转换成公司的普通股股票。（　）
7. 直接标价法的特点是外币固定,本币变。（　）
8. 费雪方程式中,特别强调货币是交易媒介的职能。（　）

| 得分 | | **四、计算题**(本大题共4小题,每小题4分,共16分。本题所需要的系数附注如下) |

复利现值系数表

期数	利率			
	2%	3%	4%	5%
1	0.98	0.97	0.961	0.952
2	0.961	0.942	0.924	0.907
3	0.942	0.915	0.888	0.863
4	0.923	0.888	0.854	0.822

复利终值系数表

期数	利率			
	1%	2%	3%	4%
1	1.010	1.020	1.030	1.040
2	1.020	1.040	1.061	1.082
3	1.030	1.061	1.093	1.125
4	1.041	1.082	1.126	1.170

1. 现在存入银行 50 000 元,年利率为 4%,1 年复利 1 次,那么 3 年后的终值是多少?

2. 如果 2 年后老王希望拿到 30 000 元准备买车,那么在年利率仍为 5% 的情况下,现在需要存入银行多少钱?

3. 已知,USD1＝HKD7.7865,USD1＝EUR0.8725,计算 HKD/EUR 是多少?

4. 已知某国基础货币为 3 500 亿元,现金漏损率为 20%,法定准备金率为 15%,超额准备金率为 5%,则该国货币供应量为多少亿元?

五、问答题(本大题共 7 题,第 1～5 小题每小题 6 分,第 5～6 小题每小题 8 分,共 46 分)

1. 信用作为一种借贷行为有哪些特征?请列举主要的信用形式。

2. 简述商业银行的职能。商业银行经营的三原则是指什么?

3. 股票和债券作为两种重要的资本市场金融工具,主要的区别是什么?

4. 简述影响利率变动的主要因素。

5. 金融市场有哪些功能?请列举出主要的金融市场。

6. 请结合现实分析我国人民币汇率变动的影响因素。当一国货币对外升值时,对该国的贸易进出口有何影响?

7. 请阐述通货膨胀产生的原因。政府应该如何治理通货膨胀?

金融学模拟试题（二）

得分 _____ 一、单项选择题（本大题共20小题、每小题1分、共20分）

1	2	3	4	5	6	7	8	9	10

11	12	13	14	15	16	17	18	19	20

1. 我们每天用钱买东西,体现出货币的(　　)职能;我们也可以用钱还债,体现货币的(　　)职能。
   A. 流通手段　支付手段   B. 支付手段　流通手段
   C. 支付手段　贮藏手段   D. 流通手段　贮藏手段

2. 中国人民银行的职责不包括(　　)。
   A. 保持币值稳定   B. 发行人民币
   C. 监管金融市场   D. 为企业提供资金支持

3. 下列属于间接融资的是(　　)。
   A. 发行普通股股票   B. 发行优先股股票
   C. 发行可转换公司债券   D. 银行贷款

4. 国家信用的主要工具是(　　)。
   A. 国债   B. 企业债券
   C. 股票   D. 银行贷款

5. 中央银行的货币政策工具中,以下不属于"三大法宝"的是(　　)。
   A. 法定准备金率   B. 利率
   C. 再贴现率   D. 公开市场业务

6. 若商业银行提高贷款利率,不利于(　　)。
   A. 抑制企业信贷资金需求   B. 刺激经济增长
   C. 抑制物价上涨   D. 减少居民个人的消费信贷

7. 劣币驱逐良币现象发生在货币制度的(　　)阶段。
   A. 金本位制   B. 银本位制
   C. 金银复本位制   D. 金汇兑本位制

8. 下列关于金融市场的说法中,不正确的是(　　)。
   A. 融资期限在1年以内的货币市场主要满足流动性不足的融资需求
   B. 同业拆借市场期限短,利率通常为拆借双方决定的市场利率

C. 交易对象主要是各种金融资产,如货币、股票、外汇、黄金等

D. 股票交易只能在固定的场所即证券交易所进行

9. 下列关于欧式期权和美式期权中,描述正确的是( )。

A. 欧式期权是在美国以外发行的期权

B. 美式期权是在美国发行的期权

C. 欧式期权是只能在到期日期权买方才能选择是否执行的期权

D. 美式期权是以美元计价的期权

10. 客户持有一张票面金额为 10 万元,还有 6 个月到期的票据,向银行申请贴现。假设年利率是 10%,可以从银行获得的贴现额是( )万元。

A. 9.95　　　　　　B. 9.5　　　　　　C. 9　　　　　　D. 8.5

11. 商业信用最典型的做法是( )。

A. 商品赊销　　　　　　　　　B. 商品代销

C. 商品批发　　　　　　　　　D. 分期付款

12. 商场某笔记本电脑标价 3 000 元,体现出货币的( )职能。

A. 价值尺度　　　　　　　　　B. 交易媒介

C. 支付手段　　　　　　　　　D. 流通手段

13. 下列不属于引起通货膨胀供给方面原因的是( )。

A. 原材料价格上涨　　　　　　B. 工资上涨

C. 利润推进　　　　　　　　　D. 消费、投资过旺

14. 下列关于利息、利率的说法中,错误的是( )。

A. 利息是贷款人让渡资金使用权获得的报酬

B. 利率是衡量投资收益和融资成本的重要指标

C. 当名义利率为 3.5%,CPI 为 5.4%,此时实际利率等于 1.9%

D. 物价水平、货币的供求及央行的货币政策都会影响到利率的高低

15. ( )不属于金融衍生工具。

A. 期货合约　　　　　　　　　B. 期权合约

C. 保险合约　　　　　　　　　D. 互换合约

16. 商业银行的负债业务是指形成资金来源的业务,下面选项中,( )不是负债业务。

A. 吸收存款　　　　　　　　　B. 贴现业务

C. 发行金融债券　　　　　　　D. 自有资金

17. 下列关于影响货币需求的因素中,描述错误的是( )。

A. 收入水平与货币需求正相关

B. 利率水平与货币需求负相关

C. 消费倾向越大,货币需求越大

D. 物价水平不会对货币需求产生影响

18. 关于商业银行存款创造的描述中,不正确的是( )。

A. 现金漏损率 c 越大,存款乘数 K 也越大

B. 法定准备金率、超额准备金率都与存款乘数负相关

C. 部分准备金制度和非现金结算制度是基本前提

D. 商业银行的派生存款能力的大小,还受原始存款的影响

19. 中央银行采取(　　)业务时,意味着货币的回笼(即货币供给减少)。

A. 增加贴现窗口贷款　　　　　　B. 买入政府债券

C. 加大对政府的贷款　　　　　　D. 减少黄金、外汇储备

20. 主要以证券承销、发行与交易作为其主营业务的金融机构是(　　)。

A. 投资银行　　　　　　　　　　B. 国家开发银行

C. 商业银行　　　　　　　　　　D. 储蓄银行

得分　　　　　**二、多项选择题**(本大题共 5 小题、每小题 2 分、共 10 分)

1	2	3	4	5

1. 下列属于信用特征的有(　　)。

A. 以偿还和付息为条件的借贷行为

B. 信用关系是一种债权债务关系

C. 表现为价值的单方面转移

D. 借贷双方以相互信任为基础

2. 关于利率影响因素的说法中,正确的有(　　)。

A. 资金供不应求时,利率将可能下降

B. 利率与物价水平通常同方向变动

C. 本国利率高于他国利率,可能会吸引资金流入

D. 中央银行的扩张性政策将会使利率上升

3. 若其他条件不变,一国货币贬值将引起该国(　　)。

A. 进口增加　　　　　　　　　　B. 出口增加

C. 进口减少　　　　　　　　　　D. 出口减少

4. 关于通货膨胀对收入分配产生的影响(通常情况下),表述正确的有(　　)。

A. 不利于固定收入者　　　　　　B. 不利于浮动收入者

C. 有利于债务人　　　　　　　　D. 不利于储蓄者

5. 关于股票和债券的发行,描述正确的有(　　)。

A. 债券发行时,利率的高低只会影响投资者的收益

B. 我国股票发行方式只有平价、溢价两种,不得折价发行

C. 承担股票和债券发行的承销商,通常是证券公司或投资银行

D. 包销是常见的间接发行方式,但承销商承担的风险大

三、判断题(本大题共8小题、每小题1分、共8分)

1	2	3	4	5	6	7	8

1. 证券交易所只提供交易平台,本身不参与证券交易。 ( )
2. 保险公司是经营风险的公司,属于保障类金融机构。根据业务对其分类,保险公司主要有财产保险公司和人寿保险公司。 ( )
3. 银行信用出现后很快取代了商业信用,并占据了主导地位。 ( )
4. 多种利率并存并起决定作用的是官定利率。 ( )
5. 代销股票的销售风险主要由承销商承担。 ( )
6. 考虑货币的时间价值,现在的1元钱比将来的1元钱更值钱。 ( )
7. 金融期货是标准化的合约,具有转移价格风险、价格发现等功能。 ( )
8. 一年复利计息多次时,实际年利率会高于名义年利率。计息次数越多,实际年利率越高。 ( )

四、计算题(本大题共4小题,每小题4分,共16分)

1. 一张票面金额为20 000元,还有81天到期的票据,向银行申请贴现时,年利率是6%,求从银行获得多少贴现额。
2. 老张去银行存入一笔金额20 000元(整存整取),若年利率为5%,期限为2年。
请问:单利计息和复利计息两种方法计算的本利和,结果有何不同?
3. 假设银行体系准备金为3 500亿元,公众持有现金为1 000亿元。中央银行法定准备金率为10%,商业银行的超额准备率为10%,流通中通货膨胀比率为20%。求:
(1) 货币乘数 m 是多少?
(2) 货币供给量 Ms 是多少?
4. 原始存款为10 000元,法定准备金率为9%,超额准备金率为5%,现金漏损率为6%。
求:(1) 存款乘数 K。
(2) 整个银行体系创造的派生存款总额(包括原始存款在内)。

五、问答题(本大题共7题,第1~5小题每小题6分,第5~6小题每小题8分,共46分)

1. 请列举你认为可以看做是货币的东西,货币在经济生活中有什么作用?并说明为什么信用货币会最终取代金属货币?
2. 简述利率变动对经济的影响。
3. 什么是消费信用?大力发展消费信用有什么意义?
4. 简述商业银行的性质,并说出银行的资金来源。

133

5. 中央银行与商业银行相比,主要有哪些不同?

6. 阐述汇率变动后产生的一些影响。结合当前热点,分析如果我国人民币继续升值会产生怎样的影响。

7. 阐述货币政策作为宏观调控政策,用来调节货币供给的手段都有哪些?谈谈你对中国人民银行2015年五次降低利率的看法。

金融学模拟试题(一)参考答案

一、单项选择题(本大题共20小题,每小题1分,共20分)

1	2	3	4	5	6	7	8	9	10
B	B	A	B	D	D	B	A	A	C

11	12	13	14	15	16	17	18	19	20
A	C	D	C	A	D	B	A	D	A

二、多项选择题(本大题共5小题,每小题2分,共10分)

1	2	3	4	5
BCD	BCD	ABD	ABC	ABCD

三、判断题(本大题共8小题,每小题1分,共8分)

1	2	3	4	5	6	7	8
×	√	×	√	×	√	√	√

四、计算题(本大题共4小题,每小题4分,共16分)

1. 查表得:$(F/P,4\%,3)=1.125$
   $FV=50\,000 \times 1.125=56\,250$(元)

2. 查表得:$(P/F,5\%,2)=0.907$
   $PV=30\,000 \times 0.907=27\,210$(元)

3. $HKD/EUR=0.8725 \div 7.7865$
   即 $HKD/EUR=0.1121$

4. $m=(1+20\%)/(20\%+15\%+5\%)=3$
   $M_s = B \times m = 3\,500 \times 3 = 10\,500$(亿元)

五、问答题(本大题共7题,第1~5小题每小题6分,第5~6小题每小题8分,共46分)

1. 答:(1)信用的特征:
以偿还和付息为条件;本质是债权债务关系;特殊的价值运动形式。
(2)主要信用形式:商业信用、银行信用、国家信用、消费信用等。

2. 答:(1)职能:信用中介、支付中介、信用创造、金融服务。
(2)三原则:安全性、流动性、盈利性。

3. 答:(1)发行主体不同。
股票:股份制公司。
债券:可以是国家、金融机构和工商企业。

(2) 收益稳定性不同。

股票：购买前不定股息，随公司的盈利情况变动。

债券：利率固定，不管发行方经营是否获利。

(3) 保本能力不同。

股票：无到期日，不可收回。

债券：到期可收回本金和利息。

(4) 经济利益关系不同。

股票：对公司的所有权，参与权。

债券：对公司的债权。

(5) 风险不同。

股票：风险大。

债券：安全性高。

4. 答：影响利率变动的因素有：平均利润率；资金供求状况；物价水平（通胀）；经济政策；借贷期限和风险；利率管制；国际经济环境及国际利率水平；经济周期等。

5. 答：金融市场的功能：融资投资；资源配置；价格发现；风险分散和规避；调节经济、反映经济；财富分配等。

主要的金融市场：货币市场、资本市场、金融衍生工具市场、保险市场。或者更加细化为：回购市场、同业拆借市场、票据市场、股票市场、债券市场等。

6. 答：影响一国货币汇率的因素通常是：经济增长率、国际收支差额、通胀率差异、利率差异、外汇市场干预、心理预期等。

影响人民币汇率变动的因素主要有：国际收支状况；我国主要经济贸易伙伴国家的汇率水平及其变化；央行对汇率的调整和管理；外汇市场上市场主体对未来人民币汇率的预期；人民币与各种主要外币的利率差异等。

对外升值时：不利于该国出口（抑制出口），有利于进口（刺激进口）。

7. 答：(1) 通货膨胀产生的原因通常有：需求增加过旺、原材料价格上涨及工资成本上升引起的供给减少、结构调整、国外通胀输入和货币发行过多等。

(2) 治理通胀的措施：紧缩的经济政策、紧缩的收入政策、增加有效供给、进行货币改革等。

金融学模拟试题（二）参考答案

一、单项选择题（本大题共20小题、每小题1分、共20分）

1	2	3	4	5	6	7	8	9	10
A	D	D	A	B	B	C	D	C	B

11	12	13	14	15	16	17	18	19	20
A	A	D	C	C	B	D	A	D	A

二、多项选择题(本大题共 5 小题,每小题 2 分,共 10 分)

1	2	3	4	5
ABCD	BC	BC	ACD	BCD

三、判断题(本大题共 8 小题,每小题 1 分,共 8 分)

1	2	3	4	5	6	7	8
√	√	×	×	×	√	√	√

四、计算题(本大题共 4 小题,每小题 4 分,共 16 分)

1. 贴息 = 20 000 × 6‰ × 81 ÷ 360 = 270(元)

   贴现额 = 20 000 − 270 = 19 730(元)

2. 单利计息:本利和 = 20 000 + 20 000 × 5% × 2 = 22 000(元)

   复利计息:本利和 = 20 000 × (1 + 5%)² = 22 050(元)

   可见,复利计息比单利计息多 50 元。

3. m = (1 + 20%)/(10% + 10% + 20%) = 3

   货币供给量 = (3 500 + 1 000) × 3 = 13 500(亿元)

4. K = 1/(9% + 5% + 6%) = 5

   派生存款总额 = 5 × 10 000 = 50 000(元)

五、问答题(本大题共 7 题,第 1~5 小题每小题 6 分,第 5~6 小题每小题 8 分,共 46 分)

1. 答:(1) 可以看做是货币的有现金、银行存款、支票、汇票、银行卡等。

   (2) 货币的作用:可以给商品定价(价值尺度)、用来买东西(充当交易媒介)、支付手段、贮藏手段等。

   (3) 信用货币取代金属货币原因在于:携带更方便;减少磨损;不受金属产量的限制;提高了交易效率等。

2. 答:调整消费和储蓄、投资规模和优化投资结构;调节资金供求;调节信贷规模;优化产业结构;稳定物价;引起汇率变动;调节国际收支;影响证券市场运行等。

3. 答:(1) 消费信用是指工商企业、银行等金融机构向消费者购买特定消费品(满足其消费需求时)提供的信用形式。

   (2) 意义:

   ① 启动新的消费热点,改善人民生活。

   ② 促进商业银行资产多元化。

   ③ 配合各项改革顺利进行。

   ④ 扩大有效需求,促进经济增长。

   ⑤ 消费需求过高,生产扩张能力有限,消费信用会加剧市场供求紧张状态,促使物价上涨,促成虚假繁荣等消极影响。因此,消费信贷应控制在适度范围内。

   4. 答:商业银行是以营利为目的,以货币为经营对象,可以吸收存款、发放贷款、办理结算等业务的特殊金融机构,本质是特殊的金融企业。

资金来源:自有资金、吸收存款、各种借款及发行金融债券等。

5. 答:中央银行与商业银行相比,主要的不同表现在:

① 性质和地位不同:

前者——宏观调控部门,属于国家机关,处于领导和核心地位。

后者——金融企业,属于金融服务行业,与央行是管理与被管理的关系。

② 目的不同:

前者——不以盈利为目的,为了调节经济运行。

后者——以盈利为目的。

③ 业务对象不同:

前者——以政府或银行等金融机构为主。

后者——以企业和居民个人为主。

④ 职责不同:

前者——发行货币、调节经济、维护金融稳定。

后者——信用中介、支付中介、信用创造、提供金融服务。

⑤ 活动手段不同:

前者——经济手段为主,配合行政手段、法律手段。

后者——通过业务活动。

⑥ 与政府关系不同:

前者——与政府关系密切。

后者——与政府没什么关系。

⑦ 权力不同:

前者——有一些特权如垄断发行货币。

后者——从事一般金融业务。

6. 答:(1)汇率变动产生的影响:影响进出口(本币升值不利于出口有利于进口)、影响国内的物价水平、影响短期资本流动、影响外汇储备、影响国民收入和就业。

(2)人民币升值的影响:不利于出口行业尤其是纺织行业、带动国内物价引起通胀如房价、资产价格泡沫、大量外汇储备的贬值等。

7. 答:调节货币供给的手段主要有:

(1)存款准备金政策:指中央银行调整商业银行缴存的存款准备金比率,以改变货币乘数,控制商业银行信贷规模、信贷构成,间接调控社会货币供给量进而影响一国经济的金融政策。

(2)再贴现政策:中央银行通过提高或降低再贴现率,或制定对合格票据的贴现利率,来干预和影响市场及市场货币供求的金融政策。

(3)公开市场业务:中央银行为了影响货币供应量、市场利率而在金融市场上公开买卖有价证券的政策措施。

对五次降低利率的看法:2015年经济下行压力很大,降低利率是为了释放银行业的流动性,让市场上的钱多一些,以此来刺激经济,包括刺激消费、投资、出口,这样可以使经济暂时稳中有升,有效地防止经济萧条、通货紧缩,为经济的软着陆做好准备。